dtv

Herausgegeben von Martin Sulzer-Reichel

Isa Schikorsky, geboren 1954 in Helmstedt, studierte Germanistik
und Geschichte in Braunschweig und promovierte zum
Dr. phil. mit einer Arbeit zur deutschen Sprachgeschichte. Sie
war an verschiedenen literarhistorischen Forschungsprojekten
beteiligt und arbeitet als freie Autorin, Journalistin
und Lektorin in Köln.

Erich Kästner

von Isa Schikorsky

Deutscher Taschenbuch Verlag

Für Claudia + Gerd + Gudrun + Lioba + Michael

Originalausgabe
November 1998
© Deutscher Taschenbuch Verlag GmbH & Co. KG, München
Umschlagkonzept: Balk & Brumshagen
Umschlagbild: Erich Kästner, © KEYSTONE Pressedienst, Hamburg
Layout: Matias Möller, Agents – Producers – Editors, Overath
Satz: Matias Möller, Agents – Producers – Editors, Overath
Druck und Bindung: APPL, Wemding
Gedruckt auf säurefreiem, chlorfrei gebleichtem Papier
Printed in Germany   ISBN 3-423-31011-1

Inhalt

»Ich mußte der vollkommene Sohn werden« (1899–1912)	7
Nicht lehren, sondern lernen (1912–1927)	17
Die große Liebe (1918–1933)	35
Im Großstadttheater Berlin (1927–1929)	41
»Ich muß [ein] paar eilige Gedichte machen« (1928–1932)	49
»Laßt euch die Kindheit nicht austreiben« (1929–1935)	61
Der erfolgreiche Autor (1929–1931)	71
›Fabian. Die Geschichte eines Moralisten‹ (1930–1931)	79
Vom erfolgreichen zum »verbrannten« Autor (1932–1945)	89
Aufbruchstimmung in München (1945–1948)	112
Anwalt der Kinder und der Kindheit (1946–1967)	125
Berühmt und resigniert zugleich (1949–1961)	133
Letzte Liebe, späte Vaterschaft (1945–1974)	145
Zeittafel	152
Bibliographie	154
Bild- und Zitatnachweis	157
Register	158

1 Erich Kästner. Fotografie von 1930

»Ich mußte der vollkommene Sohn werden«

Vom »Kleinmaleins« des Lebens

Anfang 1899 in Dresden – die letzten zwölf Monate des 19. Jahrhunderts haben begonnen. Das Haus in der Königsbrücker Straße 66 liegt ein gutes Stück weit entfernt vom Elbufer und den herrschaftlichen Villen am Albertplatz. Hier wohnen einfache Leute, überwiegend Handwerker und Arbeiter. Im Erdgeschoß der tristen, vierstöckigen Mietskasernen haben Bäcker, Fleischer und Gemüsehändler ihre kleinen Läden. In einer Mansardenwohnung sitzt die achtundzwanzigjährige Ida Amalie Kästner Tag für Tag an der Nähmaschine und näht Leibbinden im Akkord. Die ernste Frau mit dem bitteren Zug um die Lippen denkt an die Zukunft. Was bringt das neue Jahr? Daß Karl Kraus in Wien die erste Nummer der ›Fackel‹ herausbringen wird, berührt ihr Leben wohl kaum. Möglicherweise wird sie im Verlauf des Jahres davon hören, daß in Berlin Paul Linckes Operette ›Frau Luna‹ bejubelt und Aspirin gegen Kopfschmerzen erfunden wird. Ida Kästners

2 ›Blick auf Dresden‹, Gemälde von Adolph Michalsky, um 1911. Die Kurfürsten Moritz von Sachsen und August der Starke haben die Stadt im 16. und 17. Jahrhundert zur prunkvollen Renaissance- und Barockresidenz ausgebaut.

»ICH MUSSTE DER VOLLKOMMENE SOHN WERDEN« (1899–1912)

> Dresden war eine wunderbare Stadt, voller Kunst und Geschichte und trotzdem kein von sechshundertfünfzigtausend Dresdnern zufällig bewohntes Museum. Die Vergangenheit und die Gegenwart lebten miteinander im Einklang. Eigentlich müßte es heißen: im Zweiklang. Und mit der Landschaft zusammen, mit der Elbe, den Brücken, den Hügelhängen, den Wäldern und mit den Gebirgen am Horizont, ergab sich sogar ein Dreiklang. Geschichte, Kunst und Natur schwebten über Stadt und Tal, vom Meißner Dom bis zum Großsedlitzer Schloßpark, wie ein von seiner eignen Harmonie bezauberter Akkord. *Aus ›Als ich ein kleiner Junge war‹, 1957*

Gedanken kreisen um ein anderes Ereignis, denn es sind nur noch wenige Wochen bis zur Geburt ihres ersten Kindes.

Beim monotonen Rattern der Nähmaschine mag sie sich auch zurückerinnert haben an die vergangenen sieben Jahre ihrer glücklosen Ehe. »Ich liebe ihn doch gar nicht«, wendet sie ein, als ihr die Schwestern den von ihnen ausgesuchten Ehekandidaten präsentieren. Es ist der vier Jahre ältere Emil Richard Kästner, ein bedächtiger und zuverlässiger Sattlermeister, der sich selbständig machen will und deshalb eine tüchtige Frau sucht. Ida muß sich entscheiden: Will sie weiterhin als Dienstbotin alten Damen Gesellschaft leisten oder die Rolle einer respektablen Handwerkersgattin übernehmen? Die bereits verheirateten Schwestern raten zum zweiten Weg, und so findet 1892 die Hochzeit zwischen Ida Augustin und Emil Kästner statt. Kurz darauf eröffnet das Paar im sächsischen Döbeln ein Sattlergeschäft.

Vielleicht hat die junge Frau gehofft, etwas vom ererbten Familienehrgeiz an ihren Mann weitergeben zu können. Die Augustins haben es über Generationen hinweg als selbständige Bäcker zu einigem Wohlstand gebracht. Im 19. Jahrhundert macht die Familie dann als Dynastie von wohlhabenden Metzgern und Pferdehändlern von sich reden. Idas sieben Brüder erlernen alle den Beruf des Metzgers, drei von ihnen schaffen

3 Ida Amalie Kästner (9. April 1871–9. Mai 1951), um 1906 im Alter von etwa 35 Jahren. Sie stammt aus dem sächsischen Dorf Kleinpelsen bei Leisnig.

4 Emil Richard Kästner (5. März 1867– 31. Dezember 1957), um 1907 im Alter von etwa 40 Jahren.

den sozialen Aufstieg und sind später äußerst vermögende Pferdehändler. Doch der praktische Geschäftssinn, den die Augustins stets mit einer gewissen Schlitzohrigkeit paaren, steht ganz und gar im Gegensatz zum Wesen Emil Kästners. Dem soliden Handwerker mit dem Hang zum Perfektionismus ergeht es wie vielen seiner Kollegen. Im Zuge der Industrialisierung und entsprechend zunehmender Massenproduktion von Taschen, Koffern, Schuhen und anderen Lederwaren verliert sein Beruf ebenso an Bedeutung wie zahlreiche andere traditionelle Handwerke. Nach drei Jahren muß er sein Geschäft wieder schließen. Es sind Dresdner Verwandte, die dem gescheiterten Sattlermeister vorschlagen, sein berufliches Glück doch in einer der neuen Fabriken der sächsischen Residenzstadt zu versuchen. 1895 ziehen die Kästners von Döbeln aus Richtung Osten in das knapp 50 Kilometer entfernte Dresden.

Fortan macht sich Emil Kästner jeden Morgen auf den Weg in die Trinitatisstraße zur Kofferfabrik Lippold. Um das karge Einkommen aufzubessern und beim Abtragen bestehender Schulden zu helfen, nimmt Ida Kästner Heimarbeiten an. Mehr noch als unter den finanziellen Schwierigkeiten leidet sie unter dem sozialen Abstieg. Sie, die wegen ihres Hangs zum Höheren von den Brüdern als »Frau Gräfin« verspottet wird, hat nun die Rolle der angesehenen Meistersgattin mit derjenigen einer einfachen Arbeiterfrau getauscht. Doch sie ist nicht bereit, sich damit abzufinden. Was ihr nicht gelungen ist, will sie ihrem Kind ermöglichen. Ihr ganzes Leben ist fortan darauf ausgerichtet, dem Sohn eine bessere Zukunft zu sichern.

Am 23. Februar 1899 wird das Kind geboren. Am nächsten Tag meldet Emil Kästner

5 Königsbrücker Straße 66 in Dresden-Neustadt (1958). In der Mansarde im vierten Stock wird Erich Kästner am 23. Februar 1899 morgens »viertel drei« geboren.

auf dem Standesamt die Geburt seines Sohnes Emil Erich. Damit besiegelt er – wissentlich oder unwissentlich – die erste Lüge im Leben des Jungen. Denn er ist nicht der Vater. Erich Kästners Vater ist der Königlich-Preußische Sanitätsrat Emil Zimmermann (1864–1953), der Hausarzt der Familie. Wann und wie der Sohn davon erfährt, wissen wir nicht. Nur wenige der engsten Freunde kennen das wohlgehütete Familiengeheimnis – ein Umstand, der ihm wahrscheinlich das Leben gerettet hat. Denn es hätte seinen sicheren Tod bedeutet, wenn die Nationalsozialisten nach 1933 davon in Kenntnis gesetzt worden wären, daß Erich Kästner ein »Halbjude« ist. Für die Zukunft des kleinen Jungen jedoch sollte ein anderer Aspekt entscheidend werden: Im Bewußtsein der Mutter ist er nicht der Sohn eines sozial abgestiegenen Handwerkers, sondern der eines angesehenen Bildungsbürgers. Deshalb meint sie, ihm den Weg in eine bürgerliche Karriere ebnen zu müssen. Um jeden Preis.

Im Jahr 1957 – aus einem Abstand von 50 Jahren, und sicher nicht zufällig erst nach dem Tod der Mutter – veröffentlicht Erich Kästner seine Kindheitserinnerungen ›Als ich ein kleiner Junge war‹. Wie in vielen anderen seiner Bücher setzt er der Mutter darin ein Denkmal. Doch sein ausgeprägter Sinn für Wahrhaftigkeit gebietet es ihm, nicht nur positive Erlebnisse zu beschreiben. Und so erfahren die Leser auch etwas von der erdrückenden Last ihrer übermächtigen Liebe. Mit dem ihm eigenen Sprachwitz schildert der Autor Leidvolles, ohne sich

> Meine Mutter war kein Engel und wollte auch keiner werden. Ihr Ideal war handgreiflicher. Ihr Ziel lag in der Ferne, doch nicht in den Wolken. Es war erreichbar. Und weil sie energisch war wie niemand sonst und sich von niemandem dreinreden ließ, erreichte sie es. Ida Kästner wollte die vollkommene Mutter ihres Jungen werden. Und weil sie das werden wollte, nahm sie auf niemanden Rücksicht, auch auf sich selbst nicht, und wurde die vollkommene Mutter. All ihre Liebe und Phantasie, ihren ganzen Fleiß, jede Minute und jeden Gedanken, ihre gesamte Existenz setzte sie, fanatisch wie ein besessener Spieler, auf eine einzige Karte, auf mich. Ihr Einsatz hieß: ihr Leben, mit Haut und Haar!
>
> Die Spielkarte war ich. Deshalb mußte ich gewinnen. Deshalb durfte ich sie nicht enttäuschen. Deshalb wurde ich der beste Schüler und der bravste Sohn. Ich hätte es nicht ertragen, wenn sie ihr großes Spiel verloren hätte. Da sie die vollkommene Mutter sein wollte und war, gab es für mich, die Spielkarte, keinen Zweifel: Ich mußte der vollkommene Sohn werden. Wurde ich's? Jedenfalls versuchte ich es.
>
> *Aus ›Als ich ein kleiner Junge war‹, 1957*

6 Der leibliche Vater Emil Zimmermann

selbst preiszugeben oder das Bild der Mutter zu beschädigen. Er schildert eine Kindheit, die sich mit gleichem Recht glücklich und unglücklich nennen läßt.

Fotografien zeigen einen ausgesprochen hübschen, freundlichen Knaben: Im Alter von sechs Monaten posiert er mit wilden dunklen Locken und Schmollmündchen auf dem Eisbärenfell; der Dreijährige zeigt trotz der kratzenden Wollstrümpfe ein kokettes Lächeln; der achtjährige Grundschüler hat die Hände in die Hüften gestemmt und blickt selbstbewußt in die Kamera. Der kleine Erich spielt, was fast alle Jungen damals spielen: Im Hausflur stolpern die Mitbewohner über die Ritterburg auf den Treppenstufen und

7 »Mein Erich, 3 Jahre alt«, schreibt die Mutter auf die Rückseite der Fotografie.

die Armeen von Zinnsoldaten, die er als stolzer Feldherr befehligt. Mit seinen Freunden tobt er durch Hinterhöfe, turnt an Teppichstangen oder vergnügt sich im Heidegebiet am Ende der Straße bei »Räuber und Gendarm« oder »Trapper und Indianer«. Früh beweist der Junge, daß er die Beharrlichkeit und Willens-

8 Der Achtjährige

Ich trug ein Matrosenkleidchen mit weißem Pikeekragen. ... Herr Patitz steckte hinter dem hochbeinigen Fotokasten den Künstlerkopf unter ein schwarzes Tuch und befahl mir zu lächeln. Weil der Befehl nichts nützte, holte er einen Hampelmann aus der Tasche, wedelte damit in der Luft herum und rief wildvergnügt: »Huhuh! Guckguck! Huhuh! Guckguck!« Ich fand Herrn Patitz schrecklich albern, tat ihm aber trotzdem den Gefallen und quälte mir der Mama zuliebe ... ein verlegenes Lächeln ins Gesicht.
Aus ›Als ich ein kleiner Junge war‹, 1957

»ICH MUSSTE DER VOLLKOMMENE SOHN WERDEN« (1899–1912)

kraft der Augustins besitzt: Gegen den Wunsch der Mutter und gegen die geltenden Aufnahmebedingungen setzt er durch, daß er bereits mit sechs Jahren einem Turnverein beitreten darf. Der »patentierte Musterknabe«, wie er sich einmal selbstironisch bezeichnet, ist natürlich auch ein Musterschüler. Er versäumt keinen einzigen Schultag, lernt gern und leicht, und seine Zeugnisse sind vorzüglich.

Von den sozialen und politischen Krisen in den Jahren vor dem Ersten Weltkrieg scheint kaum etwas bis in die kleinbürgerliche Familienwelt der Königsbrücker Straße zu dringen. Nur an die Arbeiterstreiks von 1906 erinnert sich Erich Kästner später. Vom Fenster aus beobachtet er, wie Steine in brennende Gaslaternen fliegen und berittene Polizisten mit Säbeln auf die Menge einschlagen. Der Junge weiß früh, daß die Familie nicht reich ist. Die Mutter arbeitet weiterhin mit, um die wirtschaftliche Situation zu verbessern. Im Alter von 35 Jahren läßt sie sich zur Friseuse ausbilden und richtet im häuslichen Schlafzimmer einen Frisiersalon ein. Der Sohn schleppt Krüge mit heißem Wasser herbei, erledigt Besorgungen für den Haushalt und Botengänge für Onkel Franz und Tante Lina, die inzwischen mit ihrer Tochter Dora – Erich Kästners Lieblingscousine – als gut betuchte Pferdehändler am Albertplatz residieren. Zweimal ziehen Kästners auf der Königsbrücker Straße um, jedesmal ein Stück weiter vor: erst in die Nr. 48, dann in die Nr. 38; erst in den dritten, dann in den zweiten Stock: »Wir zogen tiefer, weil es mit uns bergauf ging. Wir näherten uns den Häusern mit den Vorgärten, ohne sie zu erreichen.«

Dann beschließt Ida Kästner, einen Teil der Dreizimmerwohnung zu vermieten. Erst einen Raum, später sogar zwei. Bei der Sorgfalt, mit der die Mutter Regie im Leben ihres Sohnes führt, ist zu bezweifeln, daß es sich bei den Untermietern rein zufällig stets um Lehrer handelt. Der Vater, der nebenbei noch

---

Bald wurden die Dresdner Theater mein zweites Zuhause. Und oft mußte mein Vater allein zu Abend essen, weil Mama und ich, meist auf Stehplätzen, der Muse Thalia huldigten. ... Wir bevölkerten das Alberttheater, das Schauspielhaus und die Oper. Stundenlang warteten wir auf der Straße, um, wenn die Kasse geöffnet wurde, die billigsten Plätze zu ergattern. Mißlang uns das, so gingen wir niedergeschlagen heim, als hätten wir eine Schlacht verloren. Doch wir verloren nicht viele Schlachten.

Aus ›Als ich ein kleiner Junge war‹, 1957

kleinere Sattlerarbeiten für die Nachbarschaft übernimmt, wird mit seinen stinkenden Leimtöpfen in den Keller verbannt. Dafür verbreiten nun Lehrer mit Bergen von Schulheften und Büchern, mit Globus und Klavier eine Atmosphäre bürgerlicher Bildung in der ehemaligen guten Stube der Kästners. Noch bevor der kleine Erich die Vorzüge des Beamtendaseins mit Pensionsberechtigung und den Wert langer Ferien kennt, ist ihm klar, daß es jemandem gutgehen muß, der sich zum Abendessen »drei Spiegeleier auf Wurst und Schinken« leisten kann. So steht sein Berufswunsch fest, bevor er in die Schule kommt: Er will Lehrer werden. Die Mutter unterstützt ihn dabei nach Kräften. Sie spart Geld für Klavierstunden und gemeinsame Theaterbesuche und läßt sich von den Lehrern gute Kinderbücher und Wandertouren empfehlen. Kästners Begeisterung für das Klavierspiel hält sich in Grenzen, das Theater aber findet in ihm einen enthusiastischen Verehrer. Und auch die ausgedehnten Wanderungen, die Mutter und Sohn an den Wochenenden und in den Ferien zusammen unternehmen, werden zu unvergeßlichen Erlebnissen. Dem Sohn zuliebe will die Mutter sogar Radfahren und Schwimmen erlernen. Diese für die damalige Zeit recht kühnen Unternehmungen sind die einzigen, an denen sie scheitert.

9 Die zweite **Semper-Oper**. Das erste von dem Theaterarchitekten Gottfried Semper entworfene Dresdner Opernhaus war 1869 abgebrannt. 1878 wird der von Gottfried Semper (Oberbauleitung) und seinem Sohn Manfred (Bauausführung) errichtete Neubau im Stil der Neorenaissance eingeweiht.

Und trotzdem kann man behaupten: Erich Kästner durchlebt auch eine bedrückende Kindheit. Der sensible Junge erfährt Elternliebe nur als einen von Eifersucht geprägten Konkurrenzkampf zwischen Vater und Mutter. Die Mutter setzt ihre Liebe absolut. Sie kann und will niemanden daran teilhaben lassen, schon gar nicht den ungeliebten Ehemann. Von den gemeinsamen Aktivitäten schließt sie ihn aus. Emil Kästner erträgt die Zurücksetzung so, wie er das ganze Leben erträgt: mit Gelassenheit und stiller Geduld. Er ißt allein zu Abend, wenn seine Frau und sein Sohn ins Theater gehen, und erledigt gewissenhaft die Hausarbeit, wenn die beiden auf Wandertour sind. In seiner knappen Freizeit bastelt er für Erich aufwendige Geschenke wie Pferdewagen und Pferdestall in Miniaturgröße. Es scheint, daß Vater und Sohn große Zuneigung zueinander empfinden. Aber beide schaffen es nicht, die Trennungslinie zu überwinden, die Ida Kästner zwischen ihnen gezogen hat. Emil Kästner hält sich im Hintergrund und trägt durch seinen Verdienst in der Kofferfabrik und kleinere Nebenbeschäftigungen tatkräftig dazu bei, die kostspielige Ausbildung des Sohnes zu finanzieren.

Der Sohn versucht sich der spannungsvollen häuslichen Atmosphäre zu entziehen. Zum einen flüchtet er in die Welt der Bücher und entwickelt sich zu einem unersättlichen Leser: »Ich las, als wär es Atemholen. Als wär ich sonst erstickt.« Zum anderen erkennt er, daß er klüger und vernünftiger handeln muß als die Erwachsenen. Er versteht sich als Beschützer der Eltern. Verbissen bemüht er sich darum, den Abgrund zwischen ihnen zu überbrücken, immer getrieben von der Sehnsucht nach einem friedlichen Familienleben. Sein diplomatisches Geschick als Vermittler zwischen den verfeindeten Ehepartnern wird einmal im Jahr auf eine harte Probe gestellt. Ausgerechnet der Heilige Abend ist der schrecklichste Tag im Jahreslauf des Jungen. Wenn

---

Wenn ein Kind lesen gelernt hat und gerne liest, entdeckt und erobert es eine zweite Welt, das Reich der Buchstaben. Das Land des Lesens ist ein geheimnisvoller, unendlicher Erdteil. Aus Druckerschwärze entstehen Dinge, Menschen, Geister und Götter, die man sonst nicht sehen könnte.
Aus ›Als ich ein kleiner Junge war‹, 1957

er in das festlich geschmückte, lichterglänzende Weihnachtszimmer gerufen wird, sieht er sich nicht erwartungsvoll lächelnden Eltern gegenüber, die Arm in Arm die Freude des Sohnes an den gemeinschaftlichen Geschenken genießen möchten, sondern einem zweigeteilten Tisch. Rechts hat sich die Mutter hinter ihren üppigen Gaben postiert, links der Vater hinter den seinen. Beide lassen ihren Erich nicht aus den Augen, der sich zögernd und voller Angst der Bescherung nähert: »Ich stand am Tisch und freute mich im Pendelverkehr. Ich freute mich rechts, zur Freude meiner Mutter. Ich freute mich an der linken Tischhälfte über den Pferdestall im allgemeinen. Dann freute ich mich wieder rechts, diesmal über den Rodelschlitten, und dann wieder links, besonders über das Lederzeug. Und noch einmal rechts, und noch einmal links, und nirgends zu lange, und nirgends zu flüchtig. Ich freute mich ehrlich und mußte meine Freude zerlegen und zerlügen.«

Erich Kästner fühlt sich nicht nur sehr früh für den Familienfrieden verantwortlich, sondern auch für die oft depressiven Stimmungen unterworfene, suizidgefährdete Mutter, deren »Schutzengel« er wird. Manchmal findet er bei seiner Rückkehr aus der Schule einen Zettel vor mit der Nachricht: »Ich kann nicht mehr.« Dann rennt er los, um sie zu suchen, und findet sie oft auf einer der Elbbrücken, wo sie mit leerem Blick ins Wasser

10 Die Augustusbrücke von der Brühlschen Terrasse aus gesehen, um 1905

starrt und die Wirklichkeit erst wieder wahrzunehmen scheint, nachdem der Sohn sie angesprochen hat. Die Verzweiflung der Mutter belastet den Jungen in besonderer Weise. Denn er glaubt, er selbst sei die Ursache dafür.

Das Schuldbewußtsein gegenüber einer Mutter, die sich durch unermüdliches Geldverdienen, nie nachlassende Fürsorge und unendliche Liebe für ihn aufopfert, kann Kästner zeitlebens ebensowenig abschütteln wie das Gefühl, daß ihr Leben und Wohlergehen einzig von ihm abhängen. Ida und Erich Kästner spielen die Rollen der vollkommenen Mutter und des vollkommenen Sohnes mit einer zwanghaften, beinahe selbstzerstörerischen Konsequenz: »Und wenn ich ... wirklich einmal müde wurde, nur und immer wieder zu gewinnen, half mir als letzte Reserve eines weiter: Ich hatte die vollkommene Mutter ja lieb. Ich hatte sie sehr lieb.«

Zwischen Kleinbürgertum und Proletariat, sozialem Aufstieg und psychischem Zusammenbruch – in diesem Spannungsverhältnis ist Kästners Kindheit anzusiedeln. Die Gefühlswelt des Kindes ist dementsprechend ambivalent. Gegen die Furcht, an der schwierigen Rolle des vollkommenen Sohnes zu scheitern, und nicht zuletzt aus Sorge, das Leben der Mutter durch eigenes Fehlverhalten zu gefährden, scheint schon der junge Kästner den Glauben an solche Tugenden zu beschwören, die Lebenstüchtigkeit zum Ausdruck bringen und sich zur Krisenbewältigung eignen: ein starkes Verantwortungsgefühl, ein ausgeprägter Sinn für Gerechtigkeit und menschliche Würde. Diese werden zu Fixpunkten in der Realität und im literarischen Werk.

Sie liebte mich und niemanden sonst. Sie war gut zu mir, und darin erschöpfte sich ihre Güte. Sie schenkte mir ihren Frohsinn, und für andere blieb nichts übrig. Sie dachte nur an mich, weitere Gedanken hatte sie keine. Ihr Leben galt mit jedem Atemzug mir, nur mir. Darum erschien sie allen anderen kalt, streng, hochmütig, selbstherrlich, unduldsam und egoistisch. Sie gab mir alles, was sie war und was sie hatte, und stand vor allen anderen mit leeren Händen da, stolz und aufrecht und doch eine arme Seele.
Aus ›Als ich ein kleiner Junge war‹, 1957

Nicht lehren, sondern lernen

»Ich war kein Lehrer, sondern ein Lerner.«

Der Berufswunsch des kleinen Erich ist kühn, aber nicht unerfüllbar. Für Kinder von Handwerkern, Arbeitern, Kleingewerbetreibenden oder Angestellten gibt es zu dieser Zeit kaum eine andere Chance, ins Bildungsbürgertum aufzusteigen. Um Volksschullehrer zu werden, benötigt man weder das Abitur noch ein Universitätsstudium. Kästner leidet darunter, daß ihm nur eine solche Karriere »zweiter Klasse« offensteht. Mit der Empfindlichkeit des sozial und wirtschaftlich Benachteiligten registriert der ständige Primus, daß er nicht zu der Hälfte der Schüler gehört, die nach vier Jahren an eine weiterführende Schule wechseln können. Mit 13 Jahren besteht er die Aufnahmeprüfung für das Lehrerbildungsseminar. Nach einem Jahr in der Übergangsklasse, der Präparande, tritt er 1913 in das Internat des Freiherrlich von Fletscherschen Lehrer-Seminars in Dresden ein.

Die Mutter ist stolz auf den Sohn, der mit fescher Mütze, Anzug und Krawatte fast wie ein Student aussieht. Doch Kästner wird schnell und gründlich aus der so mühsam im Lot gehaltenen Harmonie seiner Kleinbürgerwelt gerissen. Er muß erkennen, daß seine moralischen Überzeugungen, das einzige, was sich diejenigen leisten können, denen Geld, Besitz und politisches Mitspracherecht fehlen, nur von begrenzter Reichweite sind. In der wilhelminischen Gesellschaft gelten Ideale wie Gerechtigkeit und individuelle Selbstbestimmung wenig, Gehorsam und Unterordnung dafür um so mehr. Kästner lebt in einem Staat, in dem die Armee höchstes Ansehen genießt. Der in sei-

11 Erich Kästner (in der Mitte) mit zwei Freunden vom Lehrerseminar

12 George Grosz, ›Stützen der Gesellschaft‹, 1916. »Er [Grosz] sah und sieht die Menschheit, die deutsche im besonderen, als ein kämpfendes Rudel von Machtgierigen und Ausgebeuteten, von Fressern und Hungerleidern, von Genießern und Rebellen ... Und über diesen Kampf und Unruhe schwebend den deutschen Spießer, dessen eitle, selbstgenügsame, fettansetzende Gemütsruhe, verläßlichen Gerüchten zufolge, unnachahmlich ist.« *Aus ›Neue Leipziger Zeitung‹, 12. März 1930*

nem Handeln oft unberechenbare Kaiser und die Führungseliten aus Adel und Militär betreiben unter lautem Säbelrasseln eine gefährliche Weltmachtpolitik. Im Inneren geht es in erster Linie darum, Ruhe und Ordnung aufrechtzuerhalten. So dient auch der autoritäre Führungsstil an staatlichen Bildungseinrichtungen vor allem dem Zweck, fügsame Untertanen heranzuziehen. Rückblickend hat Kästner die Ausbildungsmethoden des Seminars scharf kritisiert und sie mit militärischem Drill verglichen: »Unsere Erziehung bewegte sich auf der Ebene der Unteroffiziersschulen.« Der Seminarist Kästner paßt sich an, muß sich anpassen, wenn er sein Ziel erreichen will. Und noch will er es erreichen. Doch seine Bereitschaft zur Unterordnung hat Grenzen. Sie endet – auch später – stets, wenn man ihn daran hindern will, nach seinen persönlichen Maximen zu handeln. Am meisten erschüttert es ihn, wenn man ihm kein Vertrauen entge-

13 **Kaiser Wilhelm II.** (1859–1941) regiert das Deutsche Reich ab 1888. Er ist vom Gottesgnadentum seiner Herrschaft überzeugt. Entsprechend prunkvoll ist seine Selbstinszenierung. Wilhelm II. fördert eine kostenintensive militärische Aufrüstung, vor allem den Bau einer großen Kriegsflotte. Mit unbesonnenen Reden und Aktionen zur Außenpolitik bringt er Deutschland mehr als einmal an den Rand eines Militärkonflikts. Zur Jahrhundertwende verspricht er seinem Volk: »Ich führe euch herrlichen Zeiten entgegen.« ▶

> Das Seminar war eine Lehrerkaserne. So war es nur folgerichtig, daß die Schüler, wenn sie auf den Korridoren einem Professor begegneten, ruckartig stehenblieben und stramm Front machen mußten. ... Daß nahezu alles verboten war und daß Übertretungen aufs strengste bestraft wurden. So stutzte man die Charaktere. So wurde das Rückgrat geschmeidig gemacht und, war das nicht möglich, gebrochen. Hauptsache war: Es entstand der gefügige, staatsfromme Beamte, der sich nicht traute, selbständig zu denken, geschweige zu handeln. *Aus ›Zur Entstehungsgeschichte des Lehrers‹, 1946*

genbringt. Das belegt auch ein Erlebnis aus seiner Seminarzeit, das er später zweimal literarisch gestaltet hat.

Im ›Fliegenden Klassenzimmer‹ (1933) erzählt der Internatsdirektor seinen Schülern die Geschichte von einem Jungen, der das Internat heimlich verläßt, um seine kranke Mutter zu besuchen. Als er schildert, wie der Ausreißer auf den wenig einfühlsamen Primaner des Wachdienstes reagiert, heißt es: »Der Junge hätte sich eher die Zunge abgebissen, als diesem Menschen erzählt, daß er von seiner kranken Mutter kam.« Er nimmt die steigenden Strafen für sein wiederholtes Verschwinden auf sich, ohne sich jemandem anzuvertrauen. In der Erzählung ›Kinderkaserne‹ von 1930 schikaniert der Oberprimaner den Jungen und bestraft ihn willkürlich. Die Mutter stirbt. Als der Junge von ihrem Totenbett in das Internat zurückkehrt, bedroht ihn der Ältere wiederum massiv, ohne dessen Trauer wahrzunehmen. In sprachloser Verzweiflung erwürgt dieser seinen Peiniger.

Die Politik zerstört weitere Illusionen über eine gerechte, menschliche Welt, die der junge Erich Kästner noch hegt. Im Sommer 1914 verbringt er mit der Mutter und Cousine Dora in Müritz an der Ostsee seinen ersten – von seiner Tante Lina finanzierten – Urlaub. Während man noch mit Muscheln »Ohne Sorgen« auf die Strandburg schreibt, rüstet Deutschland sich für den Weltkrieg. Nach zahlreichen diplomatischen Skandalen und militärischen Krisen bietet das Attentat auf den öster-

reichischen Thronfolger in Sarajewo dem Deutschen Reich einen willkommenen Anlaß, seinen Anspruch auf Weltgeltung mit Waffengewalt zu erzwingen. Voller Begeisterung ziehen Zehntausende junger Männer in den Krieg. Doch in den belgischen Schützengräben wandelt sich die blinde Begeisterung schnell in blankes Entsetzen. Die Zeitungen füllen sich mit Todesanzeigen von Männern, die noch nicht einmal 20 Jahre alt sind. Allein in der Flandernoffensive im Herbst 1914 sterben 100 000 deutsche Soldaten. Das Wort vom »Kinderkreuzzug« macht die Runde.

Kästner kehrt nach den Ferien in das Lehrerseminar in Dresden zurück. In den Unterrichtsalltag mischt sich nun Angst vor der Zukunft und Trauer über den Tod oder die Verwundung älterer Mitschüler. In Deutschland werden bald Kartoffeln, Kohlen und Brot knapp, im harten Winter 1916/1917 kommt es zu einer schweren Hungersnot. Für den inzwischen siebzehnjährigen Kästner verstärken persönliche Sorgen die kriegsbedingten Nöte. Als Hilfslehrer macht er erste Unterrichtserfahrungen und bemerkt dabei einen entscheidenden Irrtum in seinem bis dahin fest umrissenen Lebensentwurf: »Ich war kein Lehrer, sondern ein Lerner. Ich wollte nicht lehren, sondern lernen.«

Bevor er jedoch Konsequenzen aus dieser Einsicht ziehen kann, wird er im Juli 1917 einberufen. In einer Einjährig-Freiwilligen-Kompanie der schweren Artillerie bereitet man die Rekruten im Schnellverfahren auf den Fronteinsatz vor. Unter den Ausbildern zeichnet sich einer durch besondere Brutalität und

> Der Rektor dankte Gott pro Sieg.
> Die Lehrer trieben Latein.
> Wir hatten Angst vor diesem Krieg.
> Und dann zog man uns ein.
>
> Wir hatten Angst. Und hofften gar,
> es spräche einer Halt!
> Wir waren damals achtzehn Jahr,
> und das ist nicht sehr alt.
>
> Wir dachten an Rochlitz, Braun und Kern.
> Der Rektor wünschte uns Glück.
> Und blieb mit Gott und den andern Herrn
> gefaßt in der Heimat zurück.
>
> *Aus ›Primaner in Uniform‹, 1929*

Unmenschlichkeit aus. In seinem Lyrikband ›Lärm im Spiegel‹ (1929) hat Erich Kästner ihn an den Pranger gestellt: »Wer ihn gekannt hat, vergißt ihn nie. / Den legt man sich auf Eis! / Er war ein Tier. Und er spie und schrie. / Und Sergeant Waurich hieß das Vieh, / damit es jeder weiß.«

Die Kapitulation des Militärs, die Revolution, das Ende der Monarchie und den Beginn der Republik erlebt der Gefreite Kästner im November 1918 während eines Fortbildungskurses auf dem Schießplatz Köln-Wahn. Er ist jedoch nicht mehr zu den kämpfenden Truppen abkommandiert worden. Aus dieser

14 Der noch kindlich wirkende Gefreite Erich Kästner im Alter von 18 Jahren.

Zeit stammen seine Herzschwäche, die er den Schikanen des Sergeanten Waurich »verdankt« und die sich in Angst- und Streßsituationen immer wieder bemerkbar macht, und eine deutliche Ernüchterung über den Stellenwert von Humanität und Vernunft in der Gesellschaft: Aus dem unpolitischen jungen Mann ist ein überzeugter Antimilitarist und Kriegsgegner geworden, dem jede Form von Unterdrückung und Gewaltherrschaft verhaßt ist. Das Lebensgefühl seiner Generation hat er später in dem programmatischen Gedicht ›Jahrgang 1899‹ formuliert, das seinen ersten Lyrikband einleitet. Dort heißt es

In den Wirren der letzten Kriegstage löst die **Meuterei von Kieler Matrosen** eine revolutionäre Bewegung aus, die sich innerhalb weniger Tage über ganz Deutschland verbreitet. Überall werden Arbeiter- und Soldatenräte gebildet. Am 9. November 1918 muß Kaiser Wilhelm II. abdanken. Der Sozialdemokrat Philipp Scheidemann (1865–1939) ruft in Berlin die Deutsche Republik aus. Weil die verfassunggebende Sitzung der Deutschen Nationalversammlung am 6. Februar 1919 in Weimar stattfindet, setzt sich die Bezeichnung Weimarer Republik für die Jahre zwischen 1919 und 1933 durch.

unter anderem: »Wir haben der Welt in die Schnauze geguckt, / anstatt mit Puppen zu spielen. / Wir haben der Welt auf die Weste gespuckt, / soweit wir vor Ypern nicht fielen.«

Nach der Entlassung vom Militär sitzt Kästner wieder im Lehrerseminar. Die Endphase seiner Ausbildung beginnt.

15 Bewaffnete Arbeiter, Soldaten und Matrosen am 9. November 1918 in Berlin Unter den Linden

In wenigen Monaten werden die letzten Examensprüfungen stattfinden. Danach verdient er eigenes Geld und ist endlich finanziell unabhängig. Doch es geht nicht. Er kann den Eltern die Enttäuschung nicht ersparen. Endlich gesteht er ihnen, daß er kein Lehrer mehr werden möchte: »Mein Vater lehnte schweigend am Kachelofen. Meine Mutter stand unter der Lampe mit dem grünen Seidenschirm und den Perlfransen und fragte: ›Was möchtest du denn tun?‹ ›Auf einem Gymnasium das Abitur machen und dann studieren‹, sagte ich. Meine Mutter dachte einen Augenblick nach. Dann lächelte sie, nickte und sagte: ›Gut, mein Junge! Studiere!‹«

Das Kultusministerium erlaubt den Wechsel, weil es hofft, der ehrgeizige junge Mann werde später den Weg

16 Bevor Erich Kästner 1919 in Leipzig zu studieren beginnt, läßt er sich mit seiner Mutter fotografieren.

zum höheren Lehramt einschlagen. Anfang 1919 hospitiert Kästner zunächst am König-Georg-Gymnasium, um den fehlenden Lehrstoff aufzuholen. Ab Ostern nimmt er regulär am Unterricht teil. Er schließt Freundschaften, die zum Teil ein ganzes Leben lang halten werden, und er staunt über den beinahe freundschaftlichen Umgangston zwischen Lehrern und Schülern, der sich kraß von dem unterscheidet, den er am Lehrerseminar kennengelernt hat. Und er beginnt für die Schülerzeitung und für die Theaterzeitschrift ›Der Zwinger‹ zu schreiben. Innerhalb weniger Monate bereitet er sich auf das Abitur vor, das er – selbstverständlich – glänzend besteht. Als Anerkennung erhält Kästner das Goldene Stipendium der Stadt Dresden. Es verringert ein wenig die finanzielle Belastung, die das Studium des Sohnes für Emil und Ida Kästner bedeutet. An die Vergabe ist eine Bedingung geknüpft: Der Empfänger muß an einer sächsischen Universität studieren. Da es nur eine gibt, ist die Entscheidung einfach.

»Leipzig ist das Heute. Und Dresden – das Gestern ... Leipzig ist die Wirklichkeit. Und Dresden – das Märchen ... Und 80 Kilometer Luftlinie liegen zwischen dem Märchen und der Wirklichkeit ...« Im Herbst 1919 kommt Erich Kästner in der Messe-, Buch- und Zeitungsstadt an. Der bühnenbegeisterte

17 Im Hauptgebäude der Leipziger Universität befinden sich die geisteswissenschaftlichen Institute. Das Gebäude hat Karl Friedrich Schinkel (1781–1841) entworfen.

junge Mann will Germanistik und Theaterwissenschaft studieren und möchte vielleicht Regisseur werden. Daß die ihm gemäße Rolle in der Realität wie im Theater die eines Zuschauers, eines kritischen Beobachters ist, wird ihm erst später bewußt. Am 29. September 1919 immatrikuliert sich Kästner an der Universität Leipzig. Der Eintrag des Sohnes einer Friseuse und eines Facharbeiters wirkt fremd zwischen den Einträgen der Söhne von Ärzten, Kaufleuten, Beamten und Gutsbesitzern. Studenten aus Kleinbürger- oder gar Arbeiterfamilien sind damals an deutschen Hochschulen seltene Ausnahmen.

Eine Studentenbude findet Kästner bei einem Setzer im Buchdruckerviertel in der Senefelder Straße. In den folgenden Semestern stehen unter anderem gotische Grammatik, Althochdeutsch, griechische Geschichte, die Faustsage sowie Goethes Gedichte und Dramen auf seinem Studienplan. In Haupt- und Nebenfächern beschäftigt er sich mit deutscher und klassischer Philologie, französischer Sprache, deutscher Literatur- und Theatergeschichte, Philosophie und deutscher Geschichte. Zusätzlich lernt er, wie man Theaterkritiken schreibt. Die Professoren werden auf den strebsamen Studenten aufmerksam. Er überzeugt in Seminaren und Referaten durch Intelligenz und Gewissenhaftigkeit. Ein Dozent der Zeitungskunde rühmt sein außergewöhnliches journalistisches Talent. Und auch seine lyrischen Versuche finden erste Anerkennung. In der Anthologie ›Dichtungen Leipziger Studenten‹ (1920) erscheinen drei Gedichte von ihm, die in der Presse besonders gelobt werden – sein für ihn später typisch werdender Sprachstil ist hier allerdings noch kaum ausgeprägt.

Es sind Studienjahre in einer Krisenzeit. Die junge, noch instabile Weimarer Republik erschüttern Streiks, Putschversuche und Attentate auf Politiker von links und rechts. Am 10. Januar 1920 tritt der Friedensvertrag von Versailles in Kraft. Damit

> Nun verwirrt sich das Gelände;
> Alle Farben schlafen ein;
> Bäume reichen sich die Hände;
> Felder scheinen reif zu sein.
>
> Langsam bröckln die Minuten
> Von dem morschen Stein der Stunden. –
> Kanten wissen sich zu runden;
> Ferne läßt sich nur vermuten. *Aus ›Dämmerung‹, 1920*

ist der Erste Weltkrieg offiziell beendet. Der Verlierer Deutschland muß Teile des Reichsgebiets und seine Kolonien abgeben und hohe Reparationen zahlen. Wie alle, die keine Sachwerte oder Immobilien besitzen, leidet auch die Familie Kästner zunehmend unter den Auswirkungen der rapiden Geldentwertung. Für das Goldene Stipendium kann sich der Student bald keine Schachtel Zigaretten mehr kaufen. Dadurch wird es ihm auch möglich, den Studienort zu wechseln. Das Sommerhalbjahr verbringt er in Rostock, das darauf folgende Semester in Berlin. Es ist ein eiskalter Winter mit starkem Frost und Schnee von Anfang Januar bis Mitte Februar 1922. Die Eisenbahner und die Beschäftigten der Licht- und Wasserwerke streiken. Kohlen sind unerschwinglich und kaum zu bekommen. In Berlin sind die Kartoffeln ausverkauft, in Dresden bezahlt man für sechs Kilogramm 30 Mark. Frierend und hungernd beginnt Kästner in diesen Monaten damit, seine Doktorarbeit zu planen. Über die ›Hamburgische Dramaturgie‹ Gotthold Ephraim Lessings will er schreiben. Er sammelt Material, füllt Hefte

mit Exzerpten, Zettelkästen mit Ideen und ahnt doch, daß er das umfangreiche Thema nicht wird bearbeiten können. Wieder einmal reicht das Geld nicht. Lessings Vorstellungen von Vernunft, Menschlichkeit und Freiheit jedoch fühlt er sich sein Leben lang verpflichtet.

Im April 1922 kehrt er nach Leipzig zurück, weil ihm der Literarhistoriker Albert Köster anbietet, als *famulus* (studenti-

18 **Gotthold Ephraim Lessing** (1729–1781) ist der bedeutendste deutsche Dichter der Aufklärungszeit. 1767 wird er Dramaturg am neugegründeten Deutschen Nationaltheater in Hamburg. Die zwischen 1767 und 1768 entstehende ›Hamburgische Dramaturgie‹ umfaßt 104 Kritiken Lessings zu den dort aufgeführten Stücken und außerdem dramentheoretische und ästhetische Betrachtungen.

»Das, was er schrieb, war manchmal Dichtung, / doch um zu dichten, schrieb er nie. / Es gab kein Ziel. Er fand die Richtung. / Er war ein Mann und kein Genie.«

Aus ›Lessing‹, 1929

sche Hilfskraft) für ihn tätig zu werden. Kästner bezieht in der Nähe des Hauptbahnhofs ein billiges Zimmer in einer etwas halbseidenen Artistenpension in Czermaks Garten. Der Verdienst an der Universität reicht längst nicht aus, um den Lebensunterhalt zu bestreiten. Wie zahlreiche andere Studenten übernimmt auch er alle möglichen Nebentätigkeiten. Zu Messezeiten sinnt Kästner – wie er in einer Glosse verrät – über anderes nach als über Lessing, Goethe oder Schiller: »Erst wollte ich Aushilfskellner werden. Ich habe auch schon zu Hause geübt. Aber meine Wirtin gibt das dabei übriggebliebene Porzellan nicht mehr aus dem Schranke ... Oder lasse ich mir ein paar Firmenschilder auf Brust und Rücken nageln und wandle, damit behaftet, durch die Grimmaische und die Petersstraße? ... Vielleicht verkaufe ich Zeitungen? ›Kaufen Sie dieses Blatt, meine Herrschaften! Es steht ein Artikel von mir drin! Sehr lehrreich und sehr lesenswert!‹ ... Vielleicht werde ich auch Feuerwehrmann. Oder Portier im ›Nachtfalter‹. Oder Laufjunge. – Ich muß mal sehen ...«

Auch den »Freitisch« lernt der beinahe mittellose Student jetzt kennen. Daß er täglich bei der Familie eines Leipziger Stadtbaumeisters mit zu Mittag essen darf, empfindet er als ebenso demütigend wie schon Karl Philipp Moritz Ende des 18. Jahrhunderts. Dabei hat Kästner sogar noch Glück, denn der Hausherr vermittelt ihm eine Beschäftigung als Hilfsbuchhalter bei der städtischen Baugesellschaft. Sein Alltag in diesen Monaten besteht aus Studieren, Arbeiten und Schlangestehen um knappe Lebensmittel. Jede verdiente

19 Ein Reklameumzug zur Leipziger Messe 1921; an einem solchen Umzug hat sich auch der Werkstudent Erich Kästner beteiligt.

Albert Köster (1862–1924) Theater- und Literarhistoriker, lehrt ab 1899 als ordentlicher Professor der Neueren deutschen Sprache und Literatur in Leipzig. Neben der Theatergeschichte widmet er sich 1919/1920 einer textkritischen Ausgabe der Werke Theodor Storms. Köster begeht am 29. Mai 1924 in Leipzig Selbstmord.

> Liebes Muttchen!   4.2.23
> Ist gemacht! 200 M Anfangsgehalt. Vorläufig ein Probemonat. Also: Wenn mir's zuviel Arbeit wird, rücke ich wieder ab. Aber ich glaube, das wird ganz gut gehen.
> ... Freust Du Dich über Deinen kleinen Redakteur?
> Grüße an Papa, bes. Tante Martha!
>   Dein Junge

Mark ist unverzüglich auszugeben, denn am nächsten Tag, vielleicht schon in den nächsten Stunden, hat sie an Wert verloren. Trotz des aufreibenden Alltags bleibt noch Zeit zum Schreiben. Eine Glosse über die Geldentwertung schickt er an das ›Leipziger Tageblatt‹. Sie wird gedruckt. Und plötzlich hat der Student Erich Kästner einen richtigen Beruf! Richard Katz, der Direktor des Verlages, engagiert den talentierten jungen Mann als Mitarbeiter für die drei Magazine, die neben der Tageszeitung herausgegeben werden: ›Der Die Das‹, ›Das Leben‹ und ›Die große Welt‹. Mit diesen modernen Illustrierten nach amerikanischem Vorbild will man die Leser in erster Linie angenehm unterhalten. Kästner redigiert Artikel und schreibt selbst: Glossen, heitere Erzählungen und Gedichte zumeist, oft in der Art von Bänkelliedern oder in Wilhelm-Busch-Manier. Diese literarischen Auftragsarbeiten unterzeichnet er mit dem Pseudonym Peter Flint. Außerdem übernimmt er für das vom Schnittmusterverlag Otto Beyer herausgegebene Familienblatt ›Beyers für Alle‹ die Rolle des lustigen Briefkastenonkels. Während er für die jungen Leser dieser Zeitschrift unter anderem moralische Geschichten in der Tradition des 19. Jahrhunderts verfaßt, erscheinen in der satirischen Wochenschrift ›Der Drache‹ kabarettistische Gedichte und politische Parodien von ihm.

Nach der Währungsreform vom November 1923 geht es mit der Wirtschaft der jungen Republik für einige Jahre deutlich

> Nun war Reiser gerade von so viel Leuten ... abhängig, als ihm **Freitische** gaben ... Dem einen trug er das Haar zu gut, dem andern zu schlecht frisiert, dem einen ging er zu schlecht, dem andern ... zu geputzt einher, – und dergleichen unzählige Demütigungen und Herabwürdigungen gab es mehr, denen Reiser durch den Genuß der Freitische ausgesetzt war.
> *Karl Philipp Moritz (1756–1793) beschreibt in seinem autobiographischen Roman ›Anton Reiser‹ (1785–1790) den mühsamen Bildungsweg eines Jungen aus ärmlichen Verhältnissen.*

aufwärts. Auch die finanzielle Lage des jungen Redakteurs entspannt sich. Neben der Berufsarbeit betreibt er noch bis Mitte Oktober 1924 sein Studium weiter. Köster allerdings nimmt seinem Famulus die Abwanderung in den praktischen Journalismus sehr übel. Vielleicht weiß der Professor nicht, daß diesem die notwendigen finanziellen Mittel für den langen akademischen Weg über Promotion, Habilitation und Privatdozentur fehlen. Doch eine Doktorarbeit will Kästner unbedingt schreiben. Für vier Monate überläßt er seine Redakteursstelle und die Hälfte des Gehalts seinem Kommilitonen Friedrich Rasche und zieht mit Bücher- und Papierstapeln in die elterliche Wohnung nach Dresden. Sein neues, überschaubares Thema lautet: ›Die Erwiderungen auf Friedrichs des Großen Schrift »De la littérature allemande«‹. Mit seiner Schmähschrift auf die deutsche Sprache und Literatur hatte der preußische König 1780 zahlreiche heftige Reaktionen provoziert, die Kästner nun zusammenträgt und analysiert. Da Köster inzwischen gestorben ist, betreut nun Georg Witkowski den Doktoranden. Er und der zweite Gutachter sind des Lobes voll über eine weit überdurchschnittliche, »in jeder Hinsicht ausgezeichnete Leistung«. Vor allem unterscheide sich die Arbeit dieses Kandidaten durch die prägnante und trotzdem lebendige sprachliche Darstellung von den sonst üblichen trockenen Abhandlungen. Am 4. August 1925 verläßt Erich Kästner die Universität Leipzig als Doktor der Philosophie.

Die wichtigste Lektion seiner Kindheit hat er nicht vergessen: Erfolgreich ist nur derjenige, der unermüdlich arbeitet. Und Erfolg will der junge Doktor haben. Zumindest so viel, wie zu einem gesicherten Lebensunterhalt nötig ist. »Überall Aufträge erhalten. Muß arbeiten wie ein Heupferd im Geschirr. Tut aber gut.« Diese Bemerkung aus einem Brief an die Mutter kennzeichnet den Alltag der nächsten Jahre. Schon seit Anfang

20 Erich Kästner als junger Redakteur in Leipzig

1923 schreibt Kästner regelmäßig für die liberale, im Feuilleton linksdemokratische ›Neue Leipziger Zeitung‹: Besprechungen von Theateraufführungen, Gegenwartsliteratur und Kunstausstellungen, außerdem Glossen, Gedichte, Erzählungen und Reiseberichte. Als 1926 der Verlag des ›Leipziger Tageblatts‹ die ›Neue Leipziger Zeitung‹ mit übernimmt, wechselt Kästner von der Redaktion der Magazine in die der Tageszeitung, wo er die Ressorts Politik und Feuilleton mitbetreut. Jetzt verdient er genug Geld, um die Artistenpension verlassen und als »möblierter Herr« zwei kleine Zimmer bei einer Anwaltswitwe in der Hohen Straße beziehen zu können.

Lieber als bei der »Spinatwachtel«, wie er seine Wirtin manchmal betitelt, lieber auch als in der hektischen Redaktion hält sich Erich Kästner im Café Merkur mit Blick auf Thomaskirche und Neues Rathaus oder im Café Felsche am Augustusplatz auf. Hier kennt man den freundlichen Herrn Doktor mit den festen Gewohnheiten und dem verschmitzten Blick bald. Beinahe täglich, wenn irgend möglich des Nachmittags um halb fünf, betritt er das Kaffeehaus. Stets ist er korrekt gekleidet – im einreihigen Maßanzug, weil er nicht noch kleiner wirken möchte, als er mit seinen 168 Zentimetern ohnehin ist. Manchmal hat er Bücher dabei, immer aber einen kleinen Schreibblock mit Kästchenmuster und Bleistifte, sein bevorzugtes Schreibgerät. Während der Aschenbecher allmählich voller, Kaffeetasse und Kognakglas leerer werden, füllt er die Blätter mit seiner klaren, ein wenig eckigen Schrift. Hier entstehen die meisten seiner im Urteil stets ebenso knapp wie treffend formulierten Rezensionen über Kunst, Literatur und Theater, zum Beispiel über Hebbels ›Nibelungen‹, die Anfang Oktober 1924 im Alten Theater aufgeführt werden. Bevor er aufbricht, schreibt Kästner noch den täglichen Brief an die Mutter, den er auf dem kurzen Weg vom Café Felsche zum Verlagshaus in der Johannisgasse

21 Die Aussicht vom Café Felsche über den Augustusplatz: rechts das Gebäude der Hauptpost und links das Neue Theater, das Kästner häufig besuchte.

> Kaum begreiflich ist es uns, daß man jemals diese unerträglich redselige, bis ins Blut gefälschte Theaternaivität als ehrlich primitiv empfand. Es ist bitter nötig, mit der Ehrfurcht sparsam zu sein! ... Was hat Hebbel aus jenen Katastrophen, die der Zusammenstoß heidnischer Kraft und christlicher Herrschaft elementar auslöste, zurechtgeschneidert! ... Aus der Heldensage wurde ein sehr bürgerliches Ehedrama, in dem die Jamben und das altdeutsche Kostüm wie Karneval wirken und wie Konfektionsarbeit sitzen.
> *Aus »Hebbels ›Nibelungen‹« in ›Neue Leipziger Zeitung‹, 6. Oktober 1924*

gleich in den Postkasten wirft. Wenn er Nachtdienst hat, redigiert er beim Lärm der Rotationsmaschinen die Spätnachrichten und überwacht den Umbruch. Sonst geht er abends ins Theater, zu einer Dichterlesung oder einer Ausstellungseröffnung. Oder er trifft sich mit Freunden.

In seiner Leipziger Zeit hat Kästner näheren privaten Umgang mit Paul Beyer und Max Krell, die wie er Redakteure der ›Neuen Leipziger Zeitung‹ sind, und mit Hilde Decke, die anfangs für die Magazine des Verlags zuständig ist und später Chefredakteurin von ›Beyers für Alle‹ wird. Dazu kommt noch ein junges Mädchen, Luiselotte Enderle, die spätere Lebensgefährtin und Biographin, die direkt nach dem Ende ihrer Schulzeit bei dem Familienblatt als Volontärin anfängt. Vor allem aber findet in Leipzig das »Erich-Trio« zusammen, das nicht nur der gemeinsame Vorname, sondern auch die gleiche soziale wie regionale Herkunft eint: »Erich Ohser, Erich Knauf und Erich Kästner, zwei Sachsen aus Plauen und einer aus Dresden, ein Schlosser, ein Setzer und ein Lehrer, die ihre Berufe an den Nagel hängten.« Erich Ohser ist vier Jahre jünger, aber fast einen Kopf größer als der »kleine« Erich, wie Kästner der besseren Unterscheidbarkeit wegen genannt wird. Nachdem der eine seine Ausbildung an der Kunstakademie, der andere sein Germanistikstudium abgeschlossen hat, beginnt die fruchtbare Phase ihrer Zusammenarbeit. Kästner schreibt, Oh-

22 Erich Kästner (Mitte) mit Redaktionskollegen auf dem Augustusplatz

ser zeichnet. Der dritte, Erich Knauf, Redakteur der ›Plauener Volkszeitung‹, kümmert sich darum, daß die unkonventionellen Beiträge der beiden in »seinem« Blatt abgedruckt werden.

Die Freunde treffen sich in Kaffeehäusern und Redaktionen oder im privaten Kreis zu Ananasbowle und Grammophonmusik. Sie reden, lachen, feiern und flirten. Ohser und Kästner gelten bei den Damen als freche, unwiderstehliche Charmeure. Die Arbeitsatmosphäre ist jedoch nicht immer heiter. Im Verlag ergeben sich Spannungen, weil Kästner und einige seiner Kollegen in Fragen der deutschen Wirtschafts- und Innenpolitik Ansichten vertreten, die die Redaktionsmehrheit für zu linksradikal hält. Georg Marguth, der Chef, macht Kästner noch auf andere Weise das Leben schwer. Er blickt tadelnd auf die Uhr, wenn der notorische Langschläfer erst gegen elf Uhr morgens zum Dienst erscheint oder des

23 Erich Kästner und Erich Ohser

24 **Erich Knauf** (1895–1944) zieht nach seiner Ausbildung zum Schriftsetzer als Geselle durch Italien, Griechenland und die Türkei. Von 1922 bis 1928 arbeitet er als Redakteur in Plauen, anschließend bis 1933 als Lektor bei der gewerkschaftsnahen Büchergilde Gutenberg in Berlin. Außerdem ist er selbst schriftstellerisch tätig. 1944 stirbt er im KZ.

Max Krell (1887–1962) schreibt zunächst expressionistische Texte, Theaterkritiken und theoretische Schriften. In Berlin betreut er ab 1926 als Lektor des Ullstein Verlags Autoren wie Bertolt Brecht und Erich Maria Remarque. 1936 emigriert Krell nach Italien, wo er bis zu seinem Tod als freier Schriftsteller und Übersetzer lebt.

Erich Ohser (1903–1944) ist in den zwanziger Jahren als bissiger expressiver Illustrator und Karikaturist bekannt. Er arbeitet als Schnellzeichner im Kabarett und für satirische und politische Zeitschriften, unter anderem für den sozialdemokratischen ›Vorwärts‹. 1944 begeht er Selbstmord.

Nachmittags für einige Stunden verschwindet. Wie damals im Lehrerseminar fühlt sich Kästner auch jetzt ungerecht behandelt. Wieder kränkt ihn das mangelnde Zutrauen in seine Leistungsfähigkeit. Denn er beweist jeden Tag aufs neue, daß er trotz seiner eigenwilligen Zeiteinteilung schneller, zuverlässiger und besser arbeitet als manch anderer. Meist schluckt er den Ärger hinunter. Einmal allerdings überwindet er sein Harmoniebedürfnis und rebelliert erfolgreich gegen die »nette Lumperei« eines Kollegen. Die Wirkung seines Auftretens überrascht ihn: »Ich hab heute, wo ich so energisch und, bei aller Ehrlichkeit, gerissen vorging, direkt gemerkt, daß ich besser aussah. Richtig wie ein Mann. Haben mich alle Mädchen auch gleich angeschaut und gelächelt. Komisch. –«

Kästner gibt sich nicht damit zufrieden, ein ausgesprochen fleißiger und zunehmend anerkannter Journalist zu sein. Voller Neugier erprobt er seine Fähigkeiten in allen möglichen Metiers: Er entwickelt Reklameprospekte und Werbebriefe, konzipiert mit einem Bekannten ein – nie beendetes – Lustspiel, plant eine Novelle und ein Kinderbuch. Wenige Monate vor seinem 28. Geburtstag teilt Kästner der Mutter seine ehrgeizigen Zukunftspläne mit: »Zu dumm! Die Doktorarbeit liegt herum und ist gut; die Gedichte sind gut, und niemand wird recht ranwollen! Na, Däumchenhalten! Wenn ich 30 Jahr bin, will ich, daß man meinen Namen kennt. Bis 35 will ich anerkannt sein. Bis 40 sogar ein bißchen berühmt. Obwohl das Berühmtsein gar nicht so wichtig ist. Aber es steht nun mal auf meinem Programm. Also muß es eben klappen! Einverstanden?«

Obwohl er sich in Leipzig wohlfühlt, zieht es Kästner doch nach Berlin – zum »einzigen Boden in Deutschland, wo was los ist!« Er schickt Beiträge an Berliner Zeitungen, und bereits im Herbst 1924 kann er der Mutter erste Aufträge der renommierten Wochenzeitschrift ›Das Tage-Buch‹ melden. Ab und zu

25 Das Hotel Excelsior gegenüber dem Anhalter Bahnhof in Berlin

gönnt sich Kästner einen Kurzurlaub in der Hauptstadt. Auch Silvester 1926 verbringt er dort. Er mietet sich ein Zimmer im luxuriösen Excelsior-Hotel, verbringt Stunden in der Badewanne, amüsiert sich im Café Kranzler und in einem Tanzpalast, prostet um Mitternacht seiner Mutter in Gedanken zu und bummelt dann bis vier Uhr morgens weiter. Am nächsten Tag trifft er sich mit Max Krell, der inzwischen Lektor des Ullstein Verlags geworden ist, um neue Projekte zu besprechen. Doch bei aller Begeisterung für die Metropole ist er viel zu vorsichtig, seine feste Anstellung dafür aufzugeben. Es sei denn, er sieht sich dazu gezwungen. Und genau das passiert 1927. In der Karnevalszeit druckt die ›Plauener Volkszeitung‹ das ›Abendlied des Kammervirtuosen‹. Die erste Strophe lautet: »Du meine neunte Sinfonie! / Wenn du das Hemd an hast mit rosa Streifen … / Komm wie ein Cello zwischen meine Knie, / Und laß mich zart

Abendlied
des Kammervirtuofen
von **Erich Kästner.**

Du meine neunte Sinfonie!
Wenn du das Hemd an hast mit rosa Streifen ..
Komm wie ein Cello zwischen meine Knie,
Und laß mich zart in deine Seiten greifen!

Laß mich in deinen Partituren blättern.
(Sie sind voll Händel, Graun und Tremolo) —
Ich möchte dich in alle Winde schmettern,
Du meiner Sehnsucht dreigeftrichnes Oh!

Komm laß uns durch Oktavengänge fchreiten!
(Das Furioso, bitte, noch einmal!)
Darf ich dich mit der linken Hand begleiten?
Doch beim Crescendo etwas mehr Pedal!!

Oh deine Klangfigur! Oh die Akkorde!
Und der Synkopen rhythmifcher Kontraft!
Nun fenkft du deine Lider ohne Worte ...
Sag einen Ton, falls du noch Töne haft!

26 Das Gedicht ›Abendlied des Kammervirtuosen‹ und Erich Ohsers Illustration, beides führt zur Kündigung von Kästner und Ohser bei der ›Neuen Leipziger Zeitung‹.

in deine Seiten greifen!« Das Gedicht von Erich Kästner und die dazugehörige Illustration von Erich Ohser sind so frivol, wie man es von den beiden bereits kennt. Niemand stört sich daran – außer den konservativen ›Leipziger Neuesten Nachrichten‹. In der Hoffnung, damit dem liberalen Konkurrenzblatt ›Neue Leipziger Zeitung‹ zu schaden, bei dem die beiden Urheber beschäftigt sind, inszenieren sie einige Wochen später einen Skandal. In einem Leitartikel wird der Beitrag als absichtsvoller Affront gegen Ludwig van Beethoven gewertet, dessen 100. Todestages gerade gedacht wird. Marguth nutzt die günstige Gelegenheit, sich zweier Mitarbeiter zu entledigen, die wegen ihrer linksliberalen Gesinnung bei manchem Lokalpolitiker und Kollegen unbeliebt sind. Zwar nimmt er die sofort nach dem Vorfall ausgesprochene Kündigung wieder zurück, doch Kästner wird nahegelegt, von sich aus zu gehen. Am 1. April 1927 verläßt er die Redaktion offiziell. Aber er kann erreichen, daß daß er zumindest unter Pseudonym weiter für die ›Neue Leipziger Zeitung‹ schreiben darf.

Der feste Boden einer gesicherten Existenz ist Erich Kästner damit völlig unerwartet entzogen. Es muß ein beängstigendes Gefühl für ihn sein. Kommt er doch aus einer Familie, in der das Beamtendasein als höchstes Berufsziel gilt und keine Geldreserven existieren, um finanzielle Engpässe überwinden zu können. Trotzdem ist er offenbar sofort fest entschlossen, zukünftig als freier Autor sein Geld zu verdienen. Das bedeutet: Er muß noch mehr arbeiten! In den nächsten Monaten schreibt er unter anderem gereimte Werbetexte am Fließband, ein Weihnachtsstück für Kinder, das nie aufgeführt wird, eine Broschüre für die Internationale Buchausstellung und eine Geschichte für ein Preisausschreiben des Reclam-Verlags. 900 Mark Startkapital schuftet er zusammen. Dann werden die Umzugskisten gepackt, und im September 1927 zieht Erich Kästner nach Berlin.

> Mit dem Geld steht's so lala. Erst dachte ich, 174 M diesen Monat zu sparen. Jetzt bin ich froh, wenn ich 100 M beiseite legen kann. ... Dafür spar ich im nächsten Monat etwas mehr, hoffe ich. Obwohl da ja auch allerlei Ausgaben winken. Kistentransport; Anzüge herrichten; »Umzug« nach Berlin usw. Immerhin hoffe ich am ersten August insgesamt 700 M zu haben. Da wird jede Mark paarmal umgedreht und fleißig weiterverdient.
> *An die Mutter, 27. Juni 1927*

Die große Liebe

>*»Doktor Glückallein*
>*Leipzig in der Wüste*
>*wohnhaft bei zwei alten Schachteln.«*

Und die Liebe? Hat der Seminarist, der Soldat, der Student, der Journalist Erich Kästner nicht geliebt? – Doch, er hat. Daß es zum Thema Kästner und die Frauen so wenig Konkretes zu berichten gibt, liegt an seiner sprichwörtlichen Diskretion und an dem Taktgefühl seiner ersten Biographin und Lebensgefährtin Luiselotte Enderle.

In seiner Leipziger Zeit erlebt und erleidet Kästner seine große Liebe: Im Sommer 1921 lernt er in Rostock Ilse Julius kennen – so konnte man es bis vor kurzem in allen biographischen Werken über ihn lesen. Tatsächlich kennen sich beide – wie Görtz und Sarkowicz ermittelt haben – seit Sommer 1919. Am Ende des Jahres sind sie ein Liebespaar. Die drei Jahre jüngere Ilse Julius, allem Anschein nach eine selbstbewußte junge Frau, studiert ab dem Frühjahr 1921 Chemie. Nach einem gemeinsam in Rostock verbachten Semester zieht Kästner nach Berlin und dann zurück nach Leipzig. Ilse Julius immatrikuliert sich in Dresden. Im März 1926 beendet sie dort ihr Studium. 1929 wird sie promoviert. Die beiden führen eine Wochenendbeziehung. Mal kommt sie nach Leipzig, mal fährt er nach Dresden. Sie gehen oft gemeinsam in Kunstausstellungen und ins Theater. Ansonsten schreiben sie einander Briefe. Heirat und Familiengründung sind geplant. Zu Ida Kästner scheint Ilse ein gutes Verhältnis zu haben. Es ist von gemeinsamen Unternehmungen und Urlaubsreisen die Rede.

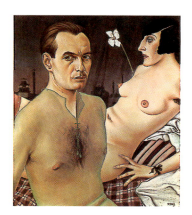

27 Eine Liebesbeziehung in nüchterner Zeit. – Christian Schad (1894–1982): ›Selbstbildnis‹, 1927

Nach Abschluß ihres Studiums verbringt das Paar im August 1926 einige Ferientage auf Bornholm und in Berlin. Sie streiten sich. Kästner glaubt, Ilse liebe einen anderen Mann und habe sich deshalb von ihm entfremdet. Andeutungen der Mutter, der Sohn sei an den Spannungen möglicherweise nicht ganz schuldlos, weist er entrüstet zurück. Am 28. August 1926 schreibt er ihr: »Wenn meine Beziehung zu Ilse, durch ihre Fremdheit, ganz aufhören sollte, so hab ich Jahre dran zu kauen. Und werde wohl nie wieder eine finden, die mir gleichwertig erscheint. Also: das heißt zugleich, dann werde ich niemals heiraten.« Die Unstimmigkeiten verstärken sich in den folgenden Wochen, und am Totensonntag, dem 14. November 1926, kommt es nach einem sechsstündigen Streit, wie Kästner seiner Mutter noch am selben Abend berichtet, mit vielen Tränen von ihr und vielen eifersüchtigen Vorwürfen von ihm zum Bruch. Obwohl beide beteuern, den anderen noch zu lieben. Doch Ilse Julius ist es leid, ständig als »Gattin auf Kommando« verfügbar zu sein. Kästner empört sich: »Sie macht Unterschiede zwischen Liebe und Bett.« Dafür hat er »nicht das geringste Verständnis«. Er ist zutiefst gekränkt und verletzt. Einen »Gebrauchshanswurst« habe sie aus ihm zu machen versucht, klagt er der Mutter und erklärt: »Ich bin so stolz in solchen Fragen. Und nun soll ich weiter auf Ilse warten, wo sie zugibt, daß ihr die ›sexuelle Bereitschaft‹ … unangenehm ist; daß sie wie unter einem Druck stand, solange sie wußte: ich verlange und erwarte von ihr Hingabe.«

In den folgenden Wochen plagt ihn heftiger Liebeskummer. Seine Stimmung schwankt zwischen Verzweiflung mit Selbstmordgedanken und trotzigem Bemühen um Zuversicht. Hinter abfälligen Bemerkungen über die vermeintlich Treulose verbirgt er seine Enttäuschung. Ilse sei »ein kleines dummes Ding … wie jedes andre beliebige Mädchen«. Trotzdem läßt er den Kontakt zu ihr nicht abreißen. Noch beim Abschied nach dem

Sachliche Romanze

Als sie einander acht Jahre kannten
(und man darf sagen: sie kannten sich gut),
kam ihre Liebe plötzlich abhanden.
Wie andern Leuten ein Stock oder Hut.

Sie waren traurig, betrugen sich heiter,
versuchten Küsse, als ob nichts sei,
und sahen sich an und wußten nicht weiter.
Da weinte sie schließlich. Und er stand dabei.

> Ilses Bilder werde ich hängen lassen, bis ich mal eine Braut habe. Ich möchte nicht, daß man mich mitleidig von der Flanke ansieht und denkt: Der arme kleine Glückallein.
> … Na, hopp, mein Pferdchen! Nicht mit den Augen gezwinkert. Das Leben kann noch immer eine ganz feine Sache werden.
>
> *An die Mutter, 14. November 1926*

großen Streit im November bietet er sich weiterhin als Ratgeber an. Er schreibt ihr Briefe, schickt zu Weihnachten Geschenke, schlägt gemeinsame Treffen vor. Die Liebesbeziehung wandelt sich allmählich zu einem freundschaftlichen Verhältnis. Später in Berlin, wo auch Ilse Julius zeitweilig lebt, gehen sie wieder zusammen zum Tanzen und ins Theater. Doch für Erich Kästner ist nichts mehr wie zuvor: »Es ist wirklich so, als ob die Ilse-Affäre mir alle Fähigkeit, ein Mädchen richtig liebzuhaben, vollständig ruiniert hätte. … Wenn mich die Mädels so lieb anschauen, komm ich mir vor wie das Kind beim Dreck.«

Die »Mädels« schauen ihn offenbar häufig und intensiv an. Name auf Name taucht in seinen Briefen auf. Noch in Leipzig wird die Zahnarzthelferin Karin Ilses Nachfolgerin. Aus Berlin dann erfährt die Mutter in den Jahren bis 1933 von Margot, Franzi, Steffa, Moritz und Ursula. Es sind allesamt nette, feine, anständige »Kerle«, die gut »parieren«, aber alle den Fehler machen, sich zu sehr zu verlieben. Spätestens wenn ihre Heiratsabsichten deutlich werden, wendet sich Kästner von ihnen ab, traurig darüber, ihnen wehzutun, und mit schlechtem Gewissen.

Er wohnt in Berlin allein, er fährt allein in den Urlaub. Zunächst froh, den Frauen entkommen zu sein, fehlen sie ihm nach kurzer Zeit schon wieder: »Drei Wochen ohne Frau ist eine verflixte Sache.« Der charmante Liebhaber, der sich eher in der Rolle des Verführten als des Verführers gefällt, leidet darunter, daß es ihm nicht gelingt, eine feste Beziehung einzugehen. Oft fühlt er sich einsam und melancholisch. Von Liebe spricht er zu keiner

> Vom Fenster aus konnte man Schiffen winken.
> Er sagte, es wäre schon Viertel nach Vier
> und Zeit, irgendwo Kaffee zu trinken.
> Nebenan übte ein Mensch Klavier.
>
> Sie gingen ins kleinste Café am Ort und rührten in ihren Tassen.
> Am Abend saßen sie immer noch dort.
> Sie saßen allein, und sie sprachen kein Wort
> und konnten es einfach nicht fassen.

mehr. In einem der Briefe an die Mutter erwähnt er die Trennung von einer Freundin und zitiert anschließend eine Stelle aus einer Rezension, die sich vermutlich auf einen seiner Gedichtbände bezieht: »Kästner verbirgt seine tiefern Gefühle, weil er nicht will, daß man ihm ins Herz sieht. Deswegen albert er lieber herum. Verstehst Du?«

Seit dem Ende seiner Beziehung zu Ilse hat er ein tiefes Mißtrauen gegenüber Frauen. Er glaubt ihnen ihre Gefühle nicht: »Steffa Bernhard redet sich ein, sie liebt mich. Das geht furchtbar rasch bei den Mädchen.« Berechnende, verlogene Wesen, die nur ihren eigenen Vorteil sehen, sind zum Beispiel auch die weiblichen Figuren im ›Fabian‹: die nymphomane Irene Moll, Labudes Leda, Fabians Cornelia und die namenlose Frau, von der Fabian durch den Wirt seines Stammcafés erfährt: In inniger Zweisamkeit sitzt sie mit einem Mann zusammen und streichelt ihm liebevoll die Hand, während sie zugleich mit einem Herrn am Nebentisch auf das heftigste flirtet. Wieso sich der Mann das habe gefallen lassen, fragt Fabian. »Der Mann, mit dem sie zusammensaß, war blind!« antwortet ihm der Wirt.

So bleibt nur eine Frau, die Kästner nie enttäuscht und der er immer vorbehaltlos vertraut: die Mutter. Die symbiotische Beziehung kann von beiden nicht gelöst werden. Für Ida Kästner bleibt der erwachsene Sohn weiterhin ihr einziger Lebensinhalt. Auf ihn konzentriert sich ihr ganzes Denken und Handeln. Doch ihre Liebe ist nicht selbstlos, sie erwartet viel von ihm. Ihr »Junge« soll erreichen, um was sie sich durch die Ehe mit dem genügsamen Emil Kästner betrogen fühlt: Erfolg und gesellschaftliche Anerkennung. Kästner wehrt sich nicht gegen die Vereinnahmung. Er handelt auch als Erwachsener wie ein Kind, das der Mutter keinen Kummer bereiten will. Es ist wohl vor al-

---

Das Jahr war schön und wird nie wiederkehren.
Du wußtest, was ich wollte, stets und gehst.
Ich wünschte zwar, ich könnte dir's erklären,
und wünsche doch, daß du mich nicht verstehst.

Ich riet dir manchmal, dich von mir zu trennen,
und danke dir, daß du bis heute bliebst.
Du kanntest mich und lerntest mich nicht kennen.
Ich hatte Angst vor dir, weil du mich liebst.

Aus ›Ein Mann gibt Auskunft‹, 1929

28 Mutter und Sohn

lem die Furcht, ihre Gesundheit und ihr Leben zu gefährden, wenn er sich von ihr auch nur ein Stück weit zurückzöge, die ihn im Teufelskreis dieser Abhängigkeit hält. Gewissenhaft erstattet er ihr die Emotionen und materiellen Werte zurück, die sie in ihn investiert hat. Seit Kästner Dresden verlassen hat, pflegen Mutter und Sohn einen intensiven Briefkontakt. Er schreibt ihr fast täglich einen Brief oder eine Postkarte, sie antwortet beinahe ebenso oft. Seine Briefe sind meist in einem neckisch-nachsichtigen Ton gehalten. Sie zeigen ihn als braven Sohn und überfürsorglichen Beschützer der Mutter. Kästner erörtert mit der Mutter seine Liebesaffären, Kleidungsfragen und Einrichtungsprobleme. Und vor allem berichtet er über seine beruflichen

> Ich schrieb meiner Mutter, sie könne mich im Film bewundern, und war gespannt, was sie antwortete. Nun sie schrieb: »Es hat mir recht gut gefallen. Als du dort in der Ecke saßt, das wirkte recht natürlich. Auch das Umgukken. Aber das Wegbugsieren der Frauen sah ein bißchen unfertig aus. Ich bemerkte vor allem dabei, daß dein Anzug auf dem Rücken glänzt. Bringe ihn sofort in die Bügelanstalt!«
> *Aus ›Begegnung mit mir selbst‹ in ›Neue Leipziger Zeitung‹, 2. April 1928 (über seine Erfahrungen als Komparse beim Film)*

und finanziellen Erfolge. Immer wieder fordert er ausdrücklich Lob oder Zustimmung von ihr: »Also, mein gutes gutes Muttchen Du, bist Du mit dem Sohnemann zufrieden?« Häufig legt er den Briefen Geld bei: Reise-, Theater-, Mantel-, Kino- oder »Freßscheinchen«, mit denen sich die Mutter etwas Luxus gönnen soll. Er schickt ihr seine schmutzige Wäsche, besucht die Eltern regelmäßig in Dresden, lädt die Mutter nach Leipzig und Berlin und zu Urlaubsreisen ein. Im Frühjahr 1927 fahren sie zum ersten Mal gemeinsam ins Ausland nach Oberitalien und in die Schweiz: »Das ist ein Glück: mit seiner Mutter fahren! / Weil Mütter doch die besten Frauen sind. / Sie reisten mit uns, als wir Knaben waren, / und reisen nun mit uns, nach vielen Jahren, / als wären sie das Kind.«

Die Mutter ihrerseits »überwacht« ganz selbstverständlich das Leben ihres »Jungen«. Sie ermahnt und kritisiert, tröstet ihn bei Liebesleid und Arbeitsverdruß, achtet auf seine Kleidung und Gesundheit, gibt beim Schneider Anzüge in Auftrag, schickt die Kartons mit der gewaschenen und gebügelten Wäsche zurück und Pakete mit Kuchen, Wurst und Äpfeln. Wenn sie den Sohn in Leipzig oder Berlin besucht, begleitet sie ihn in Cafés und Restaurants und ist mit dabei, wenn er sich mit Freunden und Kollegen trifft. Kästners »Muttchen« genießt in seinem Bekanntenkreis einen legendären Ruf. Im Januar 1929, während einer Krankheit der Mutter, schreibt der Sohn aus Berlin nach Dresden: »Es ist so schön, daß wir beide einander lieber haben als alle Mütter und Söhne, die wir kennen, gelt? Es gibt dem Leben erst den tiefsten heimlichen Wert und das größte verborgene Gewicht. ... Was sind denn andere Beziehungen dagegen? Freundschaftliche Liebe und solche Dinge sind daneben ganz unbedeutend. Wir beiden sind uns das Wichtigste, und dann kommen alle andern noch lange nicht. –«

29 Erich und Ida Kästner im Café Carlton, 1928. Kästners »Muttchen« ist auch seinen Freunden ein Begriff.

Im Großstadttheater Berlin

»Als Zuschauer bin ich nicht zu übertreffen.«

So ein Krach! Und die vielen Menschen auf den Fußsteigen! Und von allen Seiten Straßenbahnen, Fuhrwerke, zweistöckige Autobusse! Zeitungsverkäufer an allen Ecken. Wunderbare Schaufenster ... Und hohe, hohe Häuser.« – Aus der Straßenbahn heraus wirft der Realschüler Emil Tischbein einen ersten Blick auf Berlin. Der Blick des Autors Erich Kästner wird sich im Laufe der kommenden Jahre wandeln. Anfangs scheint er die Stadt mit den naiven Augen seines Kinderbuchhelden Emil zu sehen, später dann mit den kritischen seines Romanhelden Jakob Fabian. Als Zuschauer im Großstadttheater registriert er in den nächsten 17 Jahren mit großer Aufmerksamkeit die Entwicklung bis hin zum Untergang. Jetzt, im Herbst 1927, als Kästner bei der Witwe Ratkowski in der Prager Straße in Berlin-Wilmersdorf ein möbliertes Zimmer bezieht, überwiegt gespannte Erwartung, gemischt mit etwas Angst vor der unsicheren beruflichen Zukunft. Da Erich Ohser bereits einige

30 Der Potsdamer Platz, der Verkehrsmittelpunkt des damaligen Berlin

> Berlin war damals die interessanteste Großstadt der Welt, und wir bereuten den Tausch keine Stunde. ... Wir arbeiteten wie die Teufel, lachten an der Spree wie vordem an der Pleiße und lebten wieder einmal von der Hand in den Mund.
> *Aus ›Erich Ohser aus Plauen‹, 1957*

Zeit vorher in Berlin eingetroffen ist, können die beiden Freunde nun wieder gemeinsame Pläne verwirklichen.

Die Hauptstadt Berlin ist das kulturelle und politische Zentrum Deutschlands in der Weimarer Republik. Innerhalb weniger Jahrzehnte wächst die Stadt auf vier Millionen Einwohner an und steigt damit hinter London und Paris zur dritten europäischen Metropole auf. Glanz und Armut liegen dicht beieinander. Später wird man die Phase zwischen der Währungsreform 1923 und dem New Yorker Bankenkrach 1929 zu »goldenen« Jahren verklären. Während davon in den Arbeitervierteln wie etwa dem Wedding und der Gegend um den Alexanderplatz nicht die Rede sein kann, entwickelt sich die Umgebung des Kurfürstendamms zur bevorzugten Adresse von Künstlern und Intellektuellen. Hier herrscht Goldgräberstimmung. Alle, die etwas werden wollen, zieht es in den neuen Westen Berlins: den Theaterregisseur Erwin Piscator, den Schriftstel-

31 Plakat ›Luna-Park Berlin-Halensee, 47 Attraktionen‹, 1921

Der **Lunapark** am westlichen Ende des Kurfürstendamms wird bis 1910 zum größten Vergnügungspark Europas ausgebaut. Attraktionen sind unter anderem Berg- und Talbahn, Geisterbahn, Rennbahn und Wasserrutschbahn, »Völkerschauen« mit exotischen Dorfszenerien und Tierdressuren. Außerdem finden zahlreiche Sport-, Rundfunk- und Tanzveranstaltungen statt. Jeden Abend gibt es ein prachtvolles Feuerwerk. Im Lunapark vergnügen sich vor allem die kleinen Leute. Im Oktober 1933 muß die Betreiber-Gesellschaft Konkurs anmelden.

ler Bertolt Brecht, den Boxer Max Schmeling, den Schauspieler Hans Albers und viele andere. Auch für die neue, aufstiegsorientierte Berufsgruppe der Angestellten ist Berlin die Stadt der Träume. Irmgard Keuns Romanheldin Doris, das »kunstseidene Mädchen« aus Köln, möchte hier »ein Glanz« werden. Zahllose

32 Schreibsaal im Reichspatentamt, um 1930

Sekretärinnen, Stenotypistinnen und Verkäuferinnen mit Bubiköpfen unter »Hüten, die wie Stahlhelme ohne Krempe aussehen«, Bankangestellte und Versicherungsvertreter in Anzügen, die »drei bis vier Nummern zu groß« sind, suchen in der Hauptstadt Erfolg, auch in der Liebe. Je gleichförmiger ihre Arbeitstage in den Büros und Warenhäusern verlaufen, desto stärker sehnen sie sich an den Abenden und Wochenenden nach Unterhaltung. In seiner Studie ›Die Angestellten. Aus dem neuesten Deutschland‹ (1930) hat Siegfried Kracauer dieses Phänomen, aus dem sich die großstädtische Massenkultur der zwanziger Jahren entwickelt, »Kult der Zerstreuung« genannt. Im Lunapark, in Tanzpalästen und Jazzlokalen, bei Sportveranstaltungen, in Kinos und Kabaretts amüsiert sich ein buntgemischtes Publikum: Intellektuelle, Bohemiens sowie Damen und Herren der besseren wie der halbseidenen Gesellschaft.

Nirgendwo in Deutschland gibt es ein solch kulturbesessenes und kunstinteressiertes Publikum. In Berlin erscheinen 147 Tages- und Wochenzeitungen, es gibt mehr als 30 Theaterbühnen, ebenso viele Kabaretts und – 1925 – exakt 342 Kinos.

Berlin senkte sich auf mich wie eine Steppdecke mit feurigen Blumen. Der Westen ist vornehm mit hochprozentigem Licht – wie fabelhafte Steine ganz teuer und mit so gestempelter Einfassung. Wir haben hier ganz übermäßige Lichtreklame. Um mich war ein Gefunkel. ... Und schicke Männer wie Mädchenhändler ... Sehr viel glänzende schwarze Haare und Nachtaugen so tief im Kopf. Aufregend. Auf dem Kurfürstendamm sind viele Frauen ... Sie haben gleiche Gesichter und viel Maulwurfpelze – also nicht ganz erste Klasse – aber doch schick – so mit hochmütigen Beinen und viel Hauch um sich. *Irmgard Keun ›Das kunstseidene Mädchen‹ , 1932*

Im Grossstadttheater Berlin (1927–1929)

Ein breiteres Betätigungsfeld kann sich ein ehrgeiziger Journalist und Feuilletonist kaum wünschen. Kästner nutzt es. In den nächsten Jahren arbeitet er wie ein Besessener. Tagsüber schreibt er in den ersten Jahren meist in seinem Lieblingscafé, dem Carlton am Nürnberger Platz. Abends jagt dann ein Termin den anderen. Unermüdlich versorgt Kästner verschiedene Zeitungsredaktionen mit Geschichten und Gedichten, Kino-, Theater-, Kunst- und Literaturkritiken. 1928 veröffentlicht allein die ›Neue Leipziger Zeitung‹ 108 Beiträge von ihm. In den darauf folgenden Jahren sind es jeweils zwischen 70 und 80 Artikel – Alfred Klein hat 1989 eine repräsentative Auswahl davon herausgegeben und so einen lange Zeit zwangsläufig nur wenig zur Kenntnis genommenen Teil von Kästners Werk allgemein zugänglich gemacht.

Den Lesern der ›Neuen Leipziger Zeitung‹ schildert Kästner die deutsche Hauptstadt, die sich gern als Weltstadt inszeniert, als Provinz. ›Kleinstädtisches Berlin‹ überschreibt er die erste seiner Stadtskizzen. Den »lyrischen Stadtbauräte[n]« – gemeint sind offensichtlich die Dichter des Expressionismus –, wirft er vor, die Großstadt ungebührlich monumentalisiert zu haben. Kästner läßt die Dimensionen schrumpfen. Als Einheit existiere die Stadt nur auf dem Papier. Die Bewohner fühlen sich jeweils einem überschaubaren Bezirk zugehörig. In dieser verkleinerten Perspektive wirken die »kleinen« Leute und die Details ihres Alltagslebens, denen Kästners Hauptinteresse gilt, um so bedeutungsvoller. Voller Mißtrauen gegenüber Sensationen konzentriert er sich auf das Unspektakuläre. Der auf Abstand bedachte, manchmal sogar bewußt naive Beobachter sieht besonders scharf. Er schildert die Menschen, ihre Eigenschaften und Marotten, ohne sie lächerlich zu machen. Trotz aller Bemühungen um eine möglichst sachgerechte Darstellung kommt in den Texten immer wieder auch – liebevoll ironisch stilisiert – die

33 Kästner vor seinem ersten Berliner Stammcafé, dem Carlton am Nürnberger Platz in Berlin-Wilmersdorf.

Jeden Abend ein Kulturtermin: Samstag, 30.9.1927: Fünfuhrtee, Theaterbesuch; Sonntag, 1.10.: Besuch des Lustspiels ›Hokuspokus‹; Montag, 2.10.: Besuch des ›Kabaretts der Namenlosen‹; Dienstag, 3.10.: Im Kaffeehaus mit einem Kollegen Arbeit an einem gemeinsamen Lustspiel; Mittwoch, 4.10.: Theaterbesuch

34 ›Großstadtlichter‹, Gemälde von Hans Baluschek (1870–1935), 1931

Moralität des Kleinbürgers Erich Kästner zum Ausdruck. Augenzwinkernd beschreibt er, wie auf der Friedrichstraße gutgläubige Passanten bei verbotenen Glücksspielen oder unseriösen »Antiquitätenversteigerungen« betrogen werden. Kopfschüttelnd berichtet er über besondere Kleider- und Hutmoden, monokeltragende Damen, das Eintänzerwesen, Wettbewerbe im Dauertanzen oder die Inflation der Kostümbälle. Einfühlsam werden die bescheidenen Vergnügungen der Arbeiter auf einem Rummelplatz im Wedding oder die Situation arbeitsloser Artisten in den Kneipen am Alexanderplatz geschildert. Kästners vielfarbiges Großstadt-Kaleidoskop fasziniert vor allem durch den gleichermaßen intimen wie genauen Blick für das Wesentliche im Alltäglichen.

Es folgt die nächste Verlosung! Fast alle nehmen ein Los. Und wer zehn Lose nahm, neun Nieten hatte und ein Pfund Würfelzucker gewann, hat ja eigentlich Geld verloren. Doch konnte es nicht auch anders kommen? Der Budenbesitzer häuft kleine Groschentürme aufeinander … Das Glücksrad schnurrt … Und die armen Menschen sind gespannt, als ginge es um Tausende von Mark. Hier ist ihr Monte Carlo. Hier hasardieren sie um die Groschen. Und wenn sie die Bank sprengen, kriegen sie fünf Pfund prima Weizenmehl. *Aus ›Neue Leipziger Zeitung‹, 5. Februar 1928*

Seiner größten Leidenschaft, dem Theater, kann sich Kästner in den ersten Berliner Jahren ausgiebig widmen. Manchmal hat er Freikarten für drei oder vier verschiedene Inszenierungen an einem Abend. Allein in der Saison 1927/1928 bespricht er für die ›Neue Leipziger Zeitung‹ etwa 100 Stücke in Sammel- und Einzelrezensionen. Außerdem besucht er »einige weitere Dutzend« Aufführungen, über die er nicht berichtet. Das Interesse des studierten Theaterwissenschaftlers beschränkt sich nicht auf das klassische Repertoire, sondern umfaßt auch Konversationsstücke, Lustspiele und Kriminalkomödien, Operetten und Revuen. Im Kabarett der Komiker lacht er über die Auftritte von Joachim Ringelnatz, Karl Valentin und Hans Moser. Ernste und unterhaltende Stücke prüft er mit gleicher Gewissenhaftigkeit. Kästners Theaterkritiken sind verständlich, informativ und konzentriert geschrieben. Seine Urteile sind in Lob und Tadel gleichermaßen klar und differenziert. Wenn mangelhafte Leistungen nicht auf Unfähigkeit, sondern Nachlässigkeit beruhen, reagiert er teilweise mit heftiger Polemik. Generell kritisiert Kästner den fehlenden Mut, anspruchsvolle Stücke herauszubringen. Der Trend zum »Amüsiertheater« setze sich immer stärker durch, bemerkt er 1930, und die Förderung deutscher Gegenwartsautoren werde vernachlässigt. Von den zeitgenössischen Dramatikern überzeugen ihn Brecht mit der ›Dreigroschenoper‹ (1928) und Horváth mit den beiden Volksstücken ›Geschichten aus dem Wienerwald‹ (1931) und ›Kasimir und Karoline‹ (1932). Die wichtigsten Stücke jedoch sind für ihn solche, die das Publikum zum Umdenken und Handeln anregen und soziale Veränderungen bewirken wollen. Diese Qualität sieht er in wenigen sozialdokumentarischen Dramen wie etwa Peter Martin Lampels ›Revolte im Erziehungshaus‹ (1928) oder Friedrich Wolfs Proteststück gegen das Abtreibungsgesetz ›Cyankali. § 218‹ (1929).

> Insgesamt: Berlin hat ein paar hochbegabte Regisseure, viele unerreichbare Schauspieler, ein durchaus theaterfreudiges Publikum, sogar einige Auswahl an wertvoller Gegenwartsdramatik – und trotzdem ist der Überblick und, was ärger ist, der Ausblick – zum Verzweifeln.
>
> Die Mode der Verbrecherstücke und der Bett-Dreiakter wird unmöglich länger anhalten; und dann wird es ganz zu Ende sein. Momentan sind

»Mit dieser Aufführung beginnt ... eine neue Epoche der deutschen Theatergeschichte.« So enthusiastisch äußert sich Kästner nur einmal, zu Beginn seines Berliner Aufenthalts. Das Lob gilt der 1927 uraufgeführten Revue ›Hoppla, wir leben‹ nach einem Stück von Ernst Toller, und es gilt insbesondere Erwin Piscators avantgardistischem Regiekonzept. Piscator bezieht modernste Technik in seine Inszenierung ein: Foto- und Filmprojektionen, Licht- und Farbreflexe, eine Simultanbühne mit sechs Handlungsorten. »Film, Theater, Revue und Kabarett treffen sich ... in hundertfacher Überschneidung, hetzen einander, steigern einander, als gelte es, ein tausendprozentiges Leben zu schaffen!« Dieses Gesamtkunstwerk sei keines im Sinne »wohlbekömmlicher Ästhetik, sondern im Sinne jener Kunst, die durch ihre Erschütterungen Einfluß auf das Leben selber zu gewinnen sucht.« Die Botschaft, die es transportiert, hält Kästner für die wichtigste überhaupt: »Vergeßt den Krieg nicht!« Piscators weitere Inszenierungen enttäuschen ihn dagegen, weil sie zu unverblümt für den Kommunismus werben: »Es gibt andere, menschlichere Arten des politischen Radikalismus als jene, die in Parteijacken gezwängt wurden.«

Im Unterschied zu vielen anderen Intellektuellen hat er keine Berührungsängste gegenüber dem neuen Medium des Films. Kästner bildet sich eigene, mitunter eigenwillige Urteile. So weigert er sich etwa, in den allgemeinen Jubel um den Film ›Der blaue Engel‹ einzustimmen. Auch von den Filmen können am ehesten diejenigen mit seiner Zustimmung rechnen, die sozialkritische Inhalte in einer anspruchsvollen und doch den Menschen begreiflichen und berührenden Weise gestalten, wie dies seiner Ansicht nach etwa in einigen Filmen von Eisenstein und Pudowkin gelungen ist. Wenig Gefallen findet er dagegen an amerikanischen Produktionen, die, so meint er, doch nur auf den schnellen wirtschaftlichen Erfolg

---

sämtliche Direktoren darauf aus, sich eine literarische Revue – es können auch zwei bis drei sein – zu sichern, um über den strengsten Winter wegzukommen. Doch es gibt weder so viele gute Revue-Autoren noch so viele für derartige Revuen geeignete Bühnen, noch so viel Publikum, das sich im kommenden Winter dreißig Revuen ansehen möchte!

Aus ›Ein Jahr Berliner Theater‹
in ›Neue Leipziger Zeitung‹, 14. August 1928

hin »gekurbelt« werden. Es sei denn, sie sind von oder mit Buster Keaton oder Charlie Chaplin. Über die beiden Stummfilmstars schreibt er im September 1929: »Sie machen Geschäfte und sind doch die beiden tiefsten, menschlichsten Künstler, die gegenwärtig unser Globus aufzuweisen hat.«

Die ›Neue Leipziger Zeitung‹ druckt regelmäßig Beiträge ihres Hauptstadtkorrespondenten. Kontakte zu anderen Kulturblättern muß Kästner in Berlin auffrischen, intensivieren oder neu knüpfen. Die Zeitschrift ›Tage-Buch‹ hat bereits im Oktober 1924 sein Gedicht ›Hymnus an die Zeit‹ publiziert. In der ›Weltbühne‹ hat er 1926 mit den Glossen ›Kirche und Radio‹ und ›Die theatralische Sendung der Kirche‹ debütiert. In den nächsten Jahren entwickelt er sich zum wichtigsten Lyriker der Zeitschrift neben Kurt Tucholsky. Im September 1927 schreibt er der Mutter: »Da haben nun also ›Simplicissimus‹, ›Tagebuch‹ und ›Berliner Tageblatt‹ wieder angenommen. Das sind die besten Zeitungen und Zeitschriften in Deutschland.« Dazu kommen Aufträge von der ›Vossischen Zeitung‹, den ›Dresdner Neuesten Nachrichten‹ und dem ›Prager Tagblatt‹. In der Wochenzeitung ›Montag Morgen‹ erscheint zwischen Juli 1928 und Dezember 1929 jede Woche ein Gedicht von ihm. Innerhalb kurzer Zeit erobert sich Kästner einen festen Platz in der linksbürgerlich-demokratischen Publizistik der Weimarer Republik.

35 ›Die Weltbühne‹ ist die wichtigste Wochenzeitung der linksbürgerlichen Opposition in Deutschland während der Weimarer Republik. Von Siegfried Jacobsohn (1881–1926) 1905 als Theaterzeitschrift begründet, wird sie ab 1918 mit breiterem Themenspektrum weitergeführt. Nach dessen Tod übernimmt 1926 Kurt Tucholsky und von 1927 bis 1933 Carl von Ossietzky die Herausgeberschaft. Zwischen 1933 und 1945 erscheinen Exilausgaben in Prag, Zürich und Paris. Ab 1946 ist wieder Berlin der Verlagsort. Die bekanntesten Mitarbeiter in der Weimarer Zeit sind Kurt Tucholsky, Arnold Zweig, Lion Feuchtwanger und Walter Mehring.

»Ich muß [ein] paar eilige Gedichte machen«
Die kleine Versfabrik

Seine »kleine Versfabrik« erweist sich in Berlin bald als erfolgreiches Unternehmen. Sein lyrisches Schaffen ist Kästner stets mehr Beruf als Berufung. Frühere Versuche, eine Auswahl der in Zeitungen und Zeitschriften verstreut erschienenen Gedichte zu publizieren, waren fehlgeschlagen. Schon im Spätherbst 1926 hat er für einen Sammelband seiner »grotesken« Verse »mit der Laterne« nach einem Verleger gesucht. Der Leipziger List-Verlag lehnt Anfang 1927 mit einem »honigsüßen Brief« ab, und auch der Wiener Zsolnay Verlag findet keinen Geschmack an der respektlosen Lyrik. Curt Weller, ein junger, wagemutiger Verleger aus Leipzig, gibt schließlich im April 1928 Kästners erstes Buch heraus. ›Herz auf Taille‹ enthält 49 Gedichte mit Illustrationen, die von Erich Ohser stammen. Bereits ein Jahr später kann Weller das 16. und 17. Tausend drucken lassen. Ohsers acht ganzseitige Zeichnungen fehlen allerdings von der zweiten Auflage an. Der Verleger opfert sie den einflußreichen Herren im Leipziger Börsenverein des Deutschen Buchhandels, die die Abbildungen »obszön« finden und damit die Gefahr eines Druckverbots heraufbeschwören. 1929 liegt die zweite Gedichtsammlung ›Lärm im Spiegel‹

36 Eine der Illustrationen von Erich Ohser zu ›Herz auf Taille‹, die ab der zweiten Auflage fehlen.

vor. Im nächsten Jahr wechselt Weller als Lektor und Geschäftsführer zur Deutschen Verlags-Anstalt nach Stuttgart. Obwohl sich inzwischen auch andere Verlage, unter anderem Kiepenheuer in Berlin, für ihn interessieren, hält Kästner Weller die Treue. Und so erscheinen ›Ein Mann gibt Auskunft‹ im September 1930 und ›Gesang zwischen den Stühlen‹ 1932 in der Schwabenmetropole.

Alle vier Bände sind vergleichsweise große Verkaufserfolge und erfüllen damit die Hoffnungen eines Autors, zu dessen Selbstverständnis es gehört, ein breites Publikum anzusprechen. Der elitäre Anspruch eines Hugo von Hofmannsthal oder eines Stefan George bleibt ihm fremd. Kästner betreibt das Schreiben wie ein Handwerk. Seine Gedichte sollen dieselben Eigenschaften besitzen wie die Lederportemonnaies und Schulranzen, die sein Vater herstellte: Es sollen sorgfältig gearbeitete, haltbare und nützliche Gebrauchsgegenstände sein. Damit grenzt er sich von denen ab, die er einmal als »Lyriker mit dem lockig im Winde wallenden Gehirn« verspottet hat: die abstrakten Expressionisten, die Ideen und Visionen thematisieren, und die reinen Ästhetizisten, die den gesellschaftlichen Verfall mit sprachlich schönen Versen bekämpfen. Im formal-ästhetischen Genuß sieht Kästner keinen ausreichenden »Gebrauchswert« von Lyrik. Ausgelöst haben den lyrischen Tendenzwechsel seiner Ansicht nach die veränderten Lebenserfahrungen: »Wer Krieg, Inflation, Untergang des Mittelstandes, Proletarisierung der bürgerlichen Schicht, Arbeitslosigkeit, Justizkrise, Parteikämpfe gesehen und gar miterlebt hat, der kann niemals ein ›Dichter‹, ledergebunden und mit Goldschnitt, werden. ... Sondern der wird das Leben packen, wo es, vom Nachmittagsschläfchen aus betrachtet, unangenehm und uninteressant erscheint.« Kästner fühlt sich einer nüchternen, unromantischen

---

Logik
Die Nacht war kalt und sternenklar,
Da trieb im Meer bei Norderney
Ein Suahelischnurrbarthaar. –
Die nächste Schiffsuhr wies auf drei.

Mir scheint da mancherlei nicht klar,
Man fragt doch, wenn man Logik hat,
Was sucht ein Suahelihaar
Denn nachts um drei am Kattegatt?   *Joachim Ringelnatz*

> Zum Glück gibt es ein oder zwei Dutzend Lyriker – ich hoffe fast, mit dabei zu sein –, die bemüht sind, das Gedicht am Leben zu erhalten. Ihre Verse kann das Publikum lesen und hören, ohne einzuschlafen; denn sie sind seelisch verwendbar. Sie wurden im Umgang mit den Freuden und Schmerzen der Gegenwart notiert; und für jeden, der mit der Gegenwart geschäftlich zu tun hat, sind sie bestimmt. Man hat für diese Art von Gedichten die Bezeichnung »Gebrauchslyrik« erfunden, und die Erfindung beweist, wie selten in der jüngsten Vergangenheit wirkliche Lyrik war.
> *Aus ›Prosaische Zwischenbemerkung‹ in ›Lärm im Spiegel‹, 1929*

Generation junger Schriftsteller zugehörig, die durch die Umbrüche der Gegenwart geprägt ist. Diese stehen politisch links und thematisieren das Leben kleiner Leute: »Sie sind keine Idealisten und kämpfen trotzdem für die Ansprüche der Majorität. Sie wollen: Es soll ihr besser gehen. Sie glauben nicht: Es wird besser werden.« Von den »Gebrauchslyrikern« erwähnt er namentlich nur Joachim Ringelnatz und Bertolt Brecht. Aber auch Klabund, Kurt Tucholsky oder Walter Mehring lassen sich außer ihm selbst dieser Richtung zuordnen. Sie alle wollen mit ihren Gedichten in das Leben des Lesers hineinwirken und dadurch gesellschaftlichen wie individuellen Nutzen stiften. Diese »außerliterarische« moralische Zielsetzung hat Kästner 1947 in einem Prosatext über das Wesen der Satire – ›Eine kleine Sonntagspredigt‹ – am deutlichsten formuliert. Der Sinn der Satire bestehe darin, die negativen Tatsachen des Daseins durch literarische Übertreibung besser sichtbar zu machen. Je klarer der Leser »die Dummheit, die Bosheit, die Trägheit und verwandte Eigenschaften« erkenne, desto eher sei er selbst bereit, sich zu ändern und in Zukunft vernünftig zu denken und zu handeln. Der aufklärerischen Grundidee, daß »der Mensch durch Einsicht zu bessern sei«, ist Kästners gesamtes Werk verpflichtet, in besonderem Maße jedoch seine Lyrik.

37 Joachim Ringelnatz (1883–1934), eigentlich Hans Bötticher. Nach unsteten Abenteuerjahren schreibt er ab 1909 für den ›Simplicissimus‹ und ab 1920 in Berlin für Kleinkunstbühnen. Bekannt wird er insbesondere durch seine komisch-skurrile und sarkastisch-melancholische Lyrik.

Die vier Gedichtbände aus den Jahren zwischen 1928 und 1932 lassen sich als moderne Großstadtsymphonie charakterisieren. Die Strophen sind betont schlicht gebaut: Kästner verwendet gern vier- bis fünfhebige Verse mit Kreuzreim und orientiert sich an Formen wie Bänkel- oder Kinderlied, Chanson, Groteske und Satire. Es ist darauf hingewiesen worden, daß gerade die unkünstlerisch wirkende Gestaltungsform das ästhetisch Neuartige an Kästners Lyrik ist (Dirk Walter). Es sind rührende und wütende, rationale und sentimentale, moralische und unmoralische, politische und eher privat anmutende Gedichte, die von einer melancholischen Grundstimmung durchzogen sind. Der lakonische Stil bildet ein deutliches Gegengewicht zum expressionistischen Pathos. Zu Kästners Markenzeichen wird sein »schnoddriger« Tonfall: eine raffinierte Mischung aus ironischer Distanzierung, origineller Bildhaftigkeit, pointiertem Witz, Nonsens, Paradoxien und Verzerrungen der Alltagssprache sowie die Verballhornung von Klischees, Werbesprüchen und klassischen Zitaten.

Bereits in den ersten Zeilen des programmatischen Auftaktgedichts ›Jahrgang 1899‹ klingen die wichtigsten Leitmotive der vier Bände an: »Wir haben die Frauen zu Bett gebracht, / als die Männer in Frankreich standen. / Wir hatten uns das viel schöner gedacht. / Wir waren nur Konfirmanden.« Bekannt wird Kästner vor allem durch seine zeitkritische Lyrik. Bis heute

38 Titelseiten der vier Gedichtbände: ›Herz auf Taille‹, 1928; ›Lärm im Spiegel‹, 1929; ›Ein Mann gibt Auskunft‹, 1930; ›Gesang zwischen den Stühlen‹, 1932

gilt er manchem wegen seiner scharfen Attacken gegen Krieg, Militarismus, Faschismus, Kapitalismus und Untertanengeist als »brauchbarer Autor«, wie ihn Werner Schneyder in seiner Biographie bezeichnet. Als satirischer Aufklärer in der Tradition eines Lessing oder Heine überzeugt er in seinen bekanntesten Gedichten: ›Kennst Du das Land, wo die Kanonen blühn?‹ und ›Die andre Möglichkeit‹. Mit verblüffender Weitsichtigkeit prophezeit er den Untergang der Weimarer Republik, den Nationalsozialismus und den nächsten Krieg. Mit eindrucksvollen Gleichnissen erklärt er beispielsweise das Versagen deutscher Politik in ›Der Handstand auf der Loreley‹. Hilflos wirkt er dagegen, wenn er versucht, politische Gegenkonzepte aufzuzeigen, wie etwa in ›Fantasie von übermorgen‹. Glaubt er wirklich, es genüge, die Verantwortlichen »übers Knie zu legen«, um die Gefahren von Krieg und Faschismus zu bannen? Oder will er mit derartig naiven Behauptungen zum Widerspruch herausfordern? Kästner ist ein radikaler Kritiker, aber kein Revolutionär. Gesellschaftliche Mißstände sind in seinen Augen noch am ehesten durch das vernunftgeleitete, sozial verantwortliche Handeln der Eliten zu beheben.

Kästners kritischer Blick auf die bürgerliche Gesellschaft der Zeit kennzeichnet eine genaue Analyse der Menschen, die ihm in der Großstadt Berlin begegnen. Die von ihm beschriebenen Typen wirken bis heute in vielen Aspekten vertraut und aktuell. Kästner macht sich zum Sprachrohr der kleinen Leute, der Außenseiter und sozial Benachteiligten. In den oft mitfühlenden, milieugenauen Portraits werden zum Beispiel ein von den Gästen drangsalierter Kellner oder ein von der Herrschaft schikaniertes Dienstmädchen geschildert; ein Betrüger, der sich am Grab der Mutter erschießt; ein frühreifes, vom Bruder und vom Untermieter bedrängtes Mädchen und Kinder, die ihre zerrütteten Familienverhältnisse nachspielen. Gänzlich anders geartet

Dort reift die Freiheit nicht. Dort bleibt sie grün.
Was man auch baut – es werden stets Kasernen.
Kennst Du das Land, wo die Kanonen blühn?
Du kennst es nicht? Du wirst es kennenlernen!
     Aus ›Kennst Du das Land, wo die Kanonen blühn?‹ 1927

sind dagegen die Impressionen aus der Welt der Reichen und Schönen, auf die Kästner abends in den Berliner Bars oder im Winterurlaub in den Luxushotels von Kitzbühel und Oberstdorf trifft. Hier verkehrt sich das Mitgefühl, das er für die kleinen Angestellten und Dienstboten zeigt, ins genaue Gegenteil. Die »blöde Bande« wird verspottet und verhöhnt. Seine besondere Verachtung gilt den höheren Töchtern und den ›Ganz besonders feine[n] Damen‹: »Sie haben Beton in den Waden / und Halbgefrornes im Blick.« Aus einigen Gedichten spricht irrationaler Frauenhaß: »Wenn's doch Mode würde, diesen Kröten / jede Öffnung einzeln zuzulöten! / Denn dann wären wir sie endlich los.« Die zu den desavouierten Damen gehörigen Ehemänner erscheinen als Karikaturen des Stutzers, Spießbürgers und Herrenmenschen mit dickem Wanst. Als Direktoren, Bankiers und Millionäre sind sie dumm, aber mächtig, denken nur ans Geldverdienen und spekulieren bereits auf ihre Gewinne aus dem nächsten Krieg. In dem Gewimmel mehr oder weniger sympathischer Menschen begegnet dem Leser immer wieder ein einsamer Herr, der dem Autor ähnelt. Er neigt zu Depressionen, hat Probleme mit sich und den Frauen, blickt auf gescheiterte Lebenspläne, hegt unbestimmte Sehnsüchte und bemerkt plötzlich, daß er seit drei Jahren nicht mehr gelacht hat.

39 ›Die Stütze‹ von Heinrich Zille

> Man kann mitunter scheußlich einsam sein!
> Da hilft es nichts, den Kragen hochzuschlagen
> und vor Geschäften zu sich selbst zu sagen:
> Der Hut da drin ist hübsch, nur etwas klein ...
>
> *Aus ›Apropos, Einsamkeit!‹, 1927*

So verschieden die Menschen auch sind, die uns Kästner vorstellt, ihre Beziehungen zu anderen Menschen sind bestimmt von Kälte, Einsamkeit, Gefühlsunfähigkeit und Entfremdung. Mit erbarmungsloser Nüchternheit werden die Schrecknisse des Alltagslebens und die bedrohliche Zweisamkeit beschrieben: der stumme Haß zwischen alten Ehepaaren, die Peinlichkeiten kurzer Liebesaffären, die Zweifel an der Zuneigung und Treue des anderen. Bei der aussichtslosen Suche nach privatem Glück erweist sich auch der Rückzug in die Natur oder an die Orte der Kindheit als Illusion. Kästner ist keineswegs der Idylliker, den mancher in ihm sieht, sondern ein sentimentalischer Autor im Schillerschen Sinne. Er weiß, daß die Welt der Kindheit und die unberührte Natur unwiederbringlich verloren sind. Zuweilen jedoch gestattet er sich, Sehnsucht und Trauer über diesen Verlust zu empfinden. Unspektakuläre Taten wie »Radieschen ernten« und »Kresse säen« oder flüchtige Erlebnisse wie die ersten Frühlingstage können für Augenblicke trösten: »Die Bäume sind ganz frisch gewaschen, / der Himmel ist aus riesenblauem Taft. / Die Sonnenstrahlen spielen kichernd Haschen. / Man sitzt und lächelt, zieht das Glück auf Flaschen / und lebt mit sich in bester Nachbarschaft.« Bezeichnenderweise findet sich in vier Bänden nur ›Ein Beispiel von ewiger Liebe‹. Ein Mann fährt im Bus durch ein Dorf. An einem Gartenzaun steht eine Frau. Er winkt ihr zu, sie nickt. Sein ganzes weiteres Leben lang glaubt er fest daran, sie sei »die Richtige gewesen«. Die verhaltene Emotionalität hat Kästner zu seinem ureigenen poetischen Prinzip umzuwandeln gewußt. Er selbst betont den »indirekten« Charakter seiner Lyrik: »Man kann, ein wenig drastisch, sagen, daß sich der Lyriker genierte, seine Stimmungen und Gefühle auszustellen. Er maskierte sich durch Übertreibungen, durch Bevorzugung unwichtiger, bloß assoziativ wirkender Daten, hinter

40 Am Schreibtisch, Berlin 1929

denen er sich selbst verbirgt, ohne seine Sehnsucht, sein Glück, seinen Schmerz deshalb zu verheimlichen. Die heute moderne Lyrik ist eine Dichtung der Umwege. Sie ist – indirekte Lyrik.«

Erich Kästners Gedichte der Jahre zwischen 1928 und 1932 spiegeln deutlich die Parallelität der Entwicklungen auf der Ebene der gesellschaftlich-politischen Realität einerseits und der sich wandelnden Haltungen, Meinungen und Einstellungen des Autors andererseits. In ›Herz auf Taille‹ spricht ein wütender junger Mann für die von den Älteren um ihre Zukunft betrogene Generation: »Wir sind die Jugend, die an nichts mehr glaubt / und trotzdem Mut zur Arbeit hat. Und Mut zum Lachen. / Kennt Ihr das überhaupt?« Einen solchen »illusionslosen Optimismus« besitzt 1928 auch Kästner noch. Das letzte Gedicht dieses Bandes, ›Stimmen aus dem Massengrab‹, warnt die Altersgenossen eindringlich: »Verlaßt Euch nie auf Gott und seine Leute! / Verdammt, wenn Ihr das je vergeßt.« Im zweiten Band, ›Lärm im Spiegel‹, verschiebt sich die Perspektive stärker auf einzelne Schicksale. Viele Gedichte handeln von Betrogenen, Gedemütigten und Versagern. Auch autobiographische Schlüsselerlebnisse verarbeitet Kästner hier: das Ende seiner großen Liebe in ›Sachliche Romanze‹ oder den Haß auf seinen militärischen Ausbilder in ›Sergeant Waurich‹. Das Selbstmordthema klingt bereits an und entwickelt sich im anschließenden

Die Entwicklung der Menschheit
Einst haben die Kerls auf den Bäumen gehockt,
behaart und mit böser Visage.
Dann hat man sie aus dem Urwald gelockt
und die Welt asphaltiert und aufgestockt,
bis zur dreißigsten Etage.

Da saßen sie nun, den Flöhen entflohn,
in zentralgeheizten Räumen.
Da sitzen sie nun am Telefon.
Und es herrscht noch genau derselbe Ton
wie seinerzeit auf den Bäumen.

Sie hören weit. Sie sehen fern.
Sie sind mit dem Weltall in Fühlung.
Sie putzen die Zähne. Sie atmen modern.
Die Erde ist ein gebildeter Stern
mit sehr viel Wasserspülung.

dritten Band ›Ein Mann gibt Auskunft‹ zu einem zentralen Motiv. Die Illusionslosigkeit des Autors nimmt zu, der gedämpfte Optimismus weicht tiefem Pessimismus. In dem vielzitierten Gedicht ›Und wo bleibt das Positive, Herr Kästner?‹ bekennt er sich ausdrücklich dazu, keine Trost- und Erbauungslyrik zu liefern: »Ich will nicht schwindeln. Ich werde nicht schwindeln. / Die Zeit ist schwarz, ich mach euch nichts weis.« Als 1932 ›Gesang zwischen den Stühlen‹ erscheint, ist das demokratische Experiment gescheitert, die Nationalsozialisten stehen an der Schwelle zur Macht. Auch Kästners Aufbruchstimmung von 1928 ist gänzlich in Resignation und Zynismus umgeschlagen. Man kann den Band als poetisches Testament des dreiunddreißigjährigen Autors lesen, der im Verlauf von vier Jahren bitter und verzweifelt geworden ist. Sein Plan, die Menschen durch satirische Verse zu bessern, ist mißglückt, die Menschen sind, allen Fortschritts- und Zivilisationsbemühungen zum Trotz, »noch immer die alten Affen«. In ›Das ohnmächtige Zwiegespräch‹ resümiert der Chronist: »Du liebst die Menschen nicht. Du hast es leicht.«

Mit seinen Lyriksammlungen rückt Erich Kästner in die erste Reihe der zeitgenössischen Dichter auf. Während er in demokratischen und liberalen Zeitungen viel Lobendes über seine Verse lesen kann, wird er von konservativer wie kommunistischer Seite heftig geschmäht. Der reaktionäre ›Deutsche Frauen-

Sie schießen die Briefschaften durch ein Rohr.
Sie jagen und züchten Mikroben.
Sie versehn die Natur mit allem Komfort.
Sie fliegen steil in den Himmel empor
und bleiben zwei Wochen oben.

Was ihre Verdauung übrigläßt,
das verarbeiten sie zu Watte.
Sie spalten Atome. Sie heilen Inzest.
Und sie stellen durch Stiluntersuchungen fest,
daß Cäsar Plattfüße hatte.

So haben sie mit dem Kopf und dem Mund
den Fortschritt der Menschheit geschaffen.
Doch davon mal abgesehen und
bei Lichte betrachtet sind sie im Grund
noch immer die alten Affen.

> »ICH MUSS [EIN] PAAR EILIGE GEDICHTE MACHEN« (1928–1932)

> Ich lernte Verse von Kästner kennen. ›Herz auf Taille‹. Wahrscheinlich ergriffen sie mich deßhalb so sehr, weil sie bei allem revolutionären Inhalt die alte Form bewahren. Tradition, Herwegh von heute. Aber genial. Seitdem taucht dieser Mann immerfort vor mir auf. In Gesprächen, in Schaufenstern.
> *Victor Klemperer in seinem Tagebuch am 18. November 1931*

kampfbund‹ zum Beispiel ordnet ihn zusammen mit Autoren wie Tucholsky, Klabund und anderen der »Schmutzsonderklasse« zu. Als »volksvergiftend« beurteilt man die sprachliche Direktheit und die kritische Sicht des »Schmierfink[en]« auf Kirche, Familie und Ehe. Die Vorwürfe der radikalen Linken hat Walter Benjamin 1931 in seiner Polemik ›Linke Melancholie‹ formuliert. Er wirft Kästner vor, sich in der politischen Krisensituation gemütlich einzurichten und seinen Radikalismus nur als Selbstgenuß zu zelebrieren. Seine Unzufriedenheit wirke routiniert: »Routiniert sind die Anmerkungen, mit denen Kästner seine Gedichte einbeult, um diesen lackierten Kinderbällchen das Ansehen von Rugbybällen zu geben.«

Früh versteht es Kästner, die neuen Massenmedien zu nutzen, durch die auch seine Lyrik ein ungleich größeres Publikum erreicht als durch das Buch. Im Hörfunk kann er seinen ersten Erfolg am 14. Dezember 1929 verzeichnen. Abends um 20.30 Uhr wird die Funkrevue ›Leben in dieser Zeit‹ vom Schlesischen Rundfunk in Breslau uraufgeführt. Edmund Nick hat die Musik zu der ›Lyrische[n] Suite in drei Sätzen‹ komponiert. Da noch direkt gesendet wird, sind die Aufführungen solcher Text-Musik-Geräusch-Collagen ebenso aufwendige wie aufregende Experimente. Die Texte der 17 Lieder finden sich zumeist in den Lyriksammlungen wieder, und so sind auch die Themen dieselben: Hoffnungslosigkeit des Daseins, Todesgedanken, Sehnsucht nach Liebe, Kindheit und Natur. Im Mittelpunkt des ›Laien-Oratoriums‹ steht »Kurt

41 **Edmund Nick** (1891–1974): Der Kaufmannssohn absolviert neben seinem Jurastudium zugleich eine Ausbildung an der Wiener Musikakademie und am Dresdner Konservatorium. Ab 1924 leitet er die Musikabteilung beim Schlesischen Rundfunk in Breslau. 1933 übersiedelt er als Theaterdirektor nach Berlin.

Schmidt« als Repräsentant der Masse der »Durchschnittsmenschen«. Während jedoch das Gedicht ›Kurt Schmidt, statt einer Ballade‹ mit dem Selbstmord des Protagonisten endet, wählen Kästner und Nick für die Revue einen verhalten optimistischen Schluß, was musikalisch durch ein Trompetensignal unterstrichen wird. Das Hörspiel übernehmen später andere Sender, und zahlreiche Theater führen es als sozialkritische Revue auf.

Das Jahr 1929 ist das bis dahin produktivste Jahr für Erich Kästner. Es ist auch das Jahr, in dem er sich in Berlin fest etabliert. Privat kann er sich weiterhin auf die alten Freunde verlassen. Mit Erich Knaufs Ankunft in Berlin ist das »Erich-Trio« wieder komplett. Zum engeren Bekanntenkreis zählen neben ihm und Ohser der Karikaturist Eugen Hamm aus Leipzig sowie die Schulfreunde Hans Otto und Werner Buhre aus Dresden. Vom Sommer 1929 bis zum Frühjahr 1930 ist Kästner mit der Werbefachschülerin Margot Schönlank liiert, die er Pony nennt. In der Grunewald-Villa der Jacobsohns schließt er eine neue, lebenslange Freundschaft. Edith Jacobsohn, die nach dem Tod ihres Mannes die Herausgabe der ›Weltbühne‹ übernommen hat, lädt Redakteure und Mitarbeiter regelmäßig »zu dünnem Tee und antikollegialen Gesprächen« ein. 1929 ist Hermann Kesten, der Cheflektor des Berliner Kiepenheuer Verlags, zum ersten Mal dabei. Er fühlt sich ziemlich verloren zwischen Carl von Ossietzky, Kurt Tucholsky, Walter Mehring, Lion Feuchtwanger und all den anderen prominenten Geistesarbeitern. Bis ihm Erich Kästner vorgestellt wird. Kesten erinnert sich: »Ich schüttelte die Hand eines hübschen adretten jungen Mannes, der mich mit einem freundlich verschmitzten

---

SPRECHER: Der Mann, der uns im weiteren Verlauf
begegnen wird, heißt Schmidt (Kurt Schmidt komplett).
Er stand, nur sonntags nicht, früh 6 Uhr auf
und ging allabendlich punkt 8 zu Bett.
10 Stunden lang schlief er irgendwo.
4 Stunden brauchte er für Fahrt und Essen.
9 Stunden schrieb er Zahlen im Büro
1 Stündchen blieb für höhere Interessen.
Nur sonn- und feiertags schlief er sich satt.
Danach rasierte er sich, bis es brannte.
Dann tanzte er, in Sälen vor der Stadt.
Und fremde Fräuleins wurden rasch Bekannte.
Am Montag fing die nächste Strophe an. *Aus ›Leben in dieser Zeit‹, 1929*

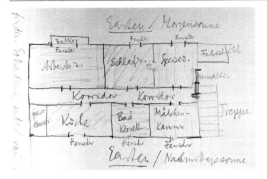

42 Grundriß der Wohnung in der Roscherstraße 16

Lächeln begrüßte. Sogleich begannen wir ein langes Gespräch und unsere Freundschaft.«

1929 verdient Kästner auch endlich so viel Geld, daß er sein ungeliebtes Dasein als »möblierter Herr« aufgeben kann. Am 1. Oktober bezieht er eine eigene Wohnung in einem Gartenhaus in der Roscherstraße Nr. 16: »3 Zimmer, Morgensonne, Balkon, 1 Bad, Klosett …, 1 Küche, 1 Mädchenkammer, kleine Diele, Speisekammer, zwei eingebaute Schränke. Zentralheizung, Telefon.« Der Komfort hat seinen Preis. 170 Mark Miete muß er monatlich zahlen, beinahe 100 Mark mehr als vorher. Dafür wohnt er jetzt mitten im modernen Westen, direkt am Berliner Broadway, wie die Hauptstädter den Kurfürstendamm gern übertreibend nennen. Die nachts von aufwendiger Lichtreklame hell erleuchtete Amüsiermeile ist in Künstler- und Intellektuellenkreisen längst beliebter als das alte, auf Repräsentation angelegte Stadtzentrum rund um den Dom und die Allee Unter den Linden.

Hermann Kesten (1900–1996) ist Erzähler, Essayist und Kritiker. Er arbeitet ab 1927 als Lektor des Kiepenheuer Verlags in Berlin. 1933 emigriert er über Paris nach Amsterdam, wo er in einem Verlag die Abteilung für deutsche Literatur betreut. Er setzt sich besonders für junge Autoren und für René Schickele und Joseph Roth ein. 1940 gelangt Kesten in die USA. Er verhilft vielen europäischen Emigranten zu einer Einreiseerlaubnis. Nach dem Krieg lebt er als Schriftsteller in New York, Rom und Basel. Die aufklärerische Moral und satirische Grundhaltung seines eigenen Erzählwerks verbindet ihn mit seinem Freund Kästner.

»Laßt euch die Kindheit nicht austreiben!«

Die frühen Kinderbücher*

Gerade zwei Wochen lebt Kästner in seiner neuen Wohnung, als am 15. Oktober 1929 Edith Jacobsohn mit dem Auto in der Roscherstraße vorfährt. Die Herausgeberin der ›Weltbühne‹, die außerdem den renommierten Kinderbuchverlag Williams & Co. besitzt, übergibt dem Verfasser persönlich das erste Exemplar seines Kinderromans ›Emil und die Detektive‹. Zehn Tage später leuchtet der sonnengelbe Umschlag überall in den Schaufenstern der Buchhandlungen. Einen Monat später sind 4000 Bände ausgeliefert, ein halbes Jahr später werden die zweiten 10 000 Exemplare gedruckt, die bis Ende 1930 verkauft sind. »Kurzum, ein guter Junge, mein Sohn Emil« – schreibt Kästner der Mutter im Sommer 1931, als noch niemand ahnt, daß bis zur Mitte der neunziger Jahre allein in Deutschland 1,7 Millionen Exemplare abgesetzt sein werden. Das wohl auch international berühmteste deutsche Kinderbuch des 20. Jahrhunderts wird in mehr als 30 Sprachen übersetzt. Schon Anfang 1930 gehen bei Edith Jacobsohn die ersten Lizenzanfragen aus den USA, aus Holland, Dänemark und

43 Umschlagillustration von Walter Trier zu ›Emil und die Detektive‹, 1929

---

* Die im folgenden genannten Erscheinungsjahre der Kinderbücher weichen teilweise von den bislang bekannten Daten ab. Berücksichtigt werden die Angaben in Kästners Briefen an die Mutter und das Erscheinen der ersten Rezensionen. Der Verlag hat die Bände in einigen Fällen vor- oder rückdatiert.

> [Die] Kinderbücher von Erich Kästner habe ich damals als Zehn-, Elf-, Zwölfjähriger gelesen. Ich war ein Enthusiast dieser Bücher. Am tiefsten beeindruckt hat mich Emil und die Detektive. Es ist ein bahnbrechendes Buch, da es die Kinderliteratur auf eine völlig neue Basis stellte. Wir ... bekamen plötzlich einen Roman zu lesen, der in Berlin spielte, auf Straßen, die wir kannten, unter Menschen, die uns bekannt vorkamen. Es ist eigentlich der Roman der Neuen Sachlichkeit in der Kinderliteratur. Später wurde er oft imitiert und nie erreicht. *Marcel Reich-Ranicki, 1993*

Norwegen ein. In Japan, Indien und China wird der ›Emil‹ gelesen, und in vielen Ländern erlernen Schulkinder bis heute unter anderem mit dieser Detektivgeschichte die deutsche Sprache. Maßgeblichen Anteil an dem überwältigenden Erfolg hat Walter Trier, »ein stiller, ernster Mann mit Kinderaugen«, wie ihn Kästner einmal beschreibt. Er arbeitet auch für den ›Simplicissimus‹ und verschiedene Berliner Unterhaltungsblätter und ist einer der populärsten Zeichner und Karikaturisten der zwanziger Jahre. Von Trier stammen das Titelbild des ›Emil‹ und die schlichten, schwungvollen Umrißzeichnungen im Buch selbst.

Die Kinderbuchkritiker, vor allem aber die jungen Leser und Leserinnen, sind begeistert von einem Buch, das so ganz anders ist als die Bände, die sie sonst zu lesen bekommen. Endlich einmal keine allzeit gehorsamen Kinder, die in biedermeierlichen Spielzeugwelten leben und sich stets bemühen, noch tugendhafter zu werden. »Das Schönste ist doch, daß es nicht bei Indianern ist, oder im Morgenland, wie die andern Bücher, sondern hier und gerade an meiner Ecke«, schreibt ein Junge und benennt damit das Neuartige an ›Emil und die Detektive‹. Nachdem bereits einige andere Autoren wie etwa Wolf Durian mit ›Kai aus der Kiste‹ spannende Abenteuer aus der Gegenwart erzählt haben, gewinnt Kästners Kinderroman jetzt endgültig breite Leserschichten für die »Umweltgeschichte«, die konsequent die Lebenswelt von Kindern, ihren

44 **Walter Trier** (1890–1951) emigriert 1936 nach England und von dort aus nach Kanada, wo er bis zu seinem Tode lebt. »Alles, was er zeichnete und malte, lächelte und lachte, sogar der Schrank und der Apfel, die Wanduhr und der Damenhut. Alles war und machte heiter. Er sah die Bosheit und wurde nicht böse. Er sah die Dummheit und blieb gelassen. Er sah die Welt, wie sie war, und lächelte sie sich zurecht.« *Aus ›Ein deutscher Kleinmeister aus Prag‹, 1959.*

Alltag, ihre tatsächlichen Erfahrungen und Wünsche
in den Mittelpunkt stellt. ›Emil‹ ist ganz und gar ein
Kind der Moderne. Das Buch repräsentiert eine Zeit,
deren Lebensgefühl vom Tempo der Großstadt bestimmt wird und in der eine ungeheure Begeisterung
für Kriminalgeschichten herrscht. Aber es gehört
auch in eine ausgesprochen nüchterne Zeit, in der
Autoren mit sachlich-pointiertem Schreibstil eher
auf Zustimmung rechnen können als die allwissenden
und weitschweifigen Erzähler der Vergangenheit.
Zudem wird mit der Titelfigur ein völlig neuer Typ
von Kinderbuchheld geschaffen. An die Stelle adli-
ger Prinzen und Ritter, die Königstöchter befreien
oder Drachen besiegen, tritt der Sohn kleinbürger- 45 Illu-
lich rechtschaffener Leute aus der Provinz: Emil stration
Tischbein. Mit Klugheit und Vernunft wird er sich von Wal-
im Verlauf der Geschichte im gefährlichen Groß- ter Trier
stadtdschungel bewähren. Eine Gruppe kesser Berliner Jungen hilft Emil dabei, den »Herrn im steifen Hut«, der ihm
während der Zugfahrt nach Berlin Geld gestohlen hat, quer
durch die Stadt zu verfolgen und den Dieb zu stellen.

Wie kommt ein gesellschaftskritischer Feuilletonist und Lyriker überhaupt auf den Gedanken, ein Kinderbuch zu schreiben?
Diese Frage ist Erich Kästner oft gestellt worden. Er hat sie sehr
viel später zuweilen mit einer hübschen Anekdote beantwortet, die ihn als »Opfer« der Überredungskunst seiner energi-
schen Verlegerin erscheinen läßt. Über Edith Jacobsohns Vorschlag sei er »völlig verblüfft« gewesen. Er habe damals zwar
»tausend Pläne« gehabt, derjenige, »für Kinder zu schreiben«,
sei jedoch nicht darunter gewesen. Hier trügt die Erinnerung
den inzwischen Siebenundsechzigjährigen, der bereits als junger Redakteur in Leipzig zahlreiche Kindergeschichten publi-

---

Da ist, erstens einmal, Emil selbst. In seinem dunkelblauen Sonntagsanzug.
Er zieht ihn gar nicht gern an und nur, wenn er muß. Blaue Anzüge kriegen so gräßlich leicht Flecken. Und dann macht Emils Mutter die Kleider-
bürste naß, klemmt den Jungen zwischen ihre Knie, putzt und bürstet und
sagt stets: »Junge, Junge! Du weißt doch, daß ich dir keinen andern kaufen kann.« Und dann denkt er immer erst, wenn's zu spät ist, daran, daß
sie den ganzen Tag arbeitet, damit sie zu essen haben und damit er in die
Realschule gehen kann. *Aus ›Emil und die Detektive‹, 1929*

ziert hat. Kästner erkennt früh, daß man mit qualitätsvollen Angeboten für Kinder ein großes Publikum erobern und zugleich eine recht einträgliche Verdienstquelle erschließen kann. Von 1926 an bemüht er sich intensiv darum, Arbeiten für junge Menschen – ein Buch, ein Weihnachtsstück, eine Filmidee – zu verkaufen, zunächst allerdings vergeblich. Zielstrebig nutzt er jetzt den Popularitätsbonus des ›Emil‹. Bis 1933 können deutsche Kinder in jedem Jahr einen »neuen Kästner« auf ihre Wunschzettel setzen.

46 Titelillustration von Walter Trier zu ›Arthur mit dem langen Arm‹, 1930

Pünktlich zum nächsten Weihnachtsgeschäft liegen im Oktober 1930 zwei Bilderbücher von Kästner und Trier vor: ›Das verhexte Telefon‹ und ›Arthur mit dem langen Arm‹. Auf Triers vergnüglichen Zeichnungen tummeln sich pfiffige Knaben mit Ballonmützen und Knickerbockern und freche Mädchen mit Bubiköpfen oder Zöpfen. Modernste Requisiten wie Telefon, Staubsauger oder Motorrad übernehmen wichtige Rollen, und doch wirken die »Versgeschichten« antiquiert. Offenbar hat Kästner alte Texte aus der Schublade geholt, wie er sie um 1923 für das Leipziger Familienblatt ›Beyers für Alle‹ verfaßt hat. Sie erinnern entfernt an Wilhelm Busch oder den Struwwelpeter, doch fehlt ihnen die subversive Kraft der Vorbilder.

Erst mit ›Pünktchen und Anton‹ kann Kästner an seinen Debüterfolg anschließen. In den kontrastierenden Lebenswel-

---

Unerhört ist die Geschichte,
welche ich euch jetzt berichte.
Sie behandelt lang und breit
Arthurs Ungezogenheit.

Ach, er war der tollste Knabe,
den ich je gesehen habe!
Doch nun wird er nie mehr froh.
Wie das kam? Ja, das kam so:

Aus ›Arthur mit dem langen Arm‹, 1930

ten des Freundespaares zeigt sich der damals höchst aktuelle Gegensatz von Arm und Reich. Das auf bereits publizierten Erzählungen basierende Buch arbeitet Kästner im Sommer 1931 in gut drei Wochen aus. Auch diese Geschichte spielt in Berlin. Wieder wird ein Ganove durch das umsichtige Handeln eines Jungen überführt, der ein Zwillingsbruder von Emil sein könnte. Antons Freundin Pünktchen, ein »nettes, ulkiges Kind«, sorgt dafür, daß daneben die Phantasie nicht zu kurz kommt. Mit seinen skurrilen Spielideen, Maskeraden und Wortverdrehungen bringt das Mädchen Komik, Bewegung und sehr viel Sprachwitz in die Geschichte. Doch vertraut Kästner diesmal nicht darauf, mit seiner Erzählweise die gewünschte moralische Wirkung zu erzielen. In gesonderten Absätzen mit »Nachdenkereien« räsoniert er deshalb in Schulmeistermanier zum Beispiel über den »Ernst des Lebens« oder das »Familienglück«.

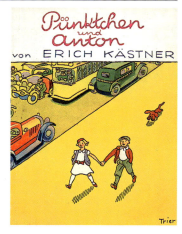

47 Titelillustration von Walter Trier zu ›Pünktchen und Anton‹, 1931

Im Oktober 1932 erscheint dann als letztes Kästnerbuch bei Williams & Co. die »Lügengeschichte« ›Der 35. Mai oder Konrad reitet in die Südsee‹. Den phantastischen Stoff hat Kästner bereits im Vorwort zu ›Emil und die Detektive‹ skizziert. Der Apotheker Ringelhuth, sein Neffe Konrad und Negro Kaballo, ein rollschuhlaufendes Zirkuspferd, durchqueren während eines Nachmittagsausflugs in die Südsee unter anderem das

48 Blick auf die Spree mit der Weidendammer Brücke. Auf dieser Brücke treffen sich Pünktchen und ihr Freund Anton, um den Passanten Streichhölzer und Schnürsenkel zu verkaufen.

Schlaraffenland und die Spielzeugheide, die Zukunftsstadt Elektropolis und die Burganlage Zur großen Vergangenheit, wo Hannibal und Wallenstein mit Zinnsoldaten um Rosenbüsche kämpfen. Das originellste und neben der ›Konferenz der Tiere‹ (1949) auch gesellschaftskritischste der Kästnerschen Kinderbücher findet bei Kritik und Publikum allerdings weit weniger Beachtung als die Alltagsgeschichten, die inzwischen zum Markenzeichen des Autors geworden sind.

Zu seinen frühen Werken für junge Leser gehört noch die Internatsgeschichte ›Das fliegende Klassenzimmer‹, die 1933 erscheint. Darin hat Kästner seine Leidenszeit am Dresdener Lehrerseminar in ein ideales Gegenbild mit solidarischen Schülern und verständnisvollen Pädagogen verwandelt. 1935 kommt in der Schweiz ›Emil und die drei Zwillinge‹ heraus, das vorerst letzte Kinderbuch Kästners bis 1949. Beide Geschichten spielen nicht mehr in Berlin, sondern in der Provinz. In beiden nimmt die Schilderung von Modellen der Selbsterziehung von Kindern und Jugendlichen breiten Raum ein. Die Fortsetzung zum ›Emil‹ ist längst nicht so spannend wie der erste Band. Ungewöhnlich langatmig und umständlich wird hier erzählt, erst in der Mitte des Buches beginnt die Rettungsaktion der Detektive für einen in Not geratenen Artistenjungen.

Der Kinderbuchautor Erich Kästner wird rascher und nachhaltiger bekannt als der Lyriker und Romancier. ›Emil und die Detektive‹ und ›Pünktchen und Anton‹ erlangen bald »Klassikerstatus«. Man hat oft nach den Gründen für diesen Erfolg gefragt. Kästner selbst erklärt

49 Onkel Ringelhuth, Konrad und Negro Kaballo in Elektropolis. Illustration von Horst Lemke aus der 25. Auflage von ›Der 35. Mai‹, 1970

ihn mit einem besonderen Talent, das auch seine weltberühmte Kollegin Astrid Lindgren besitze. Das gemeinsame Gespräch der beiden zusammenfassend, betont Kästner – wohl auch in Anlehnung an den Mythos des vollkommenen Kindes, den die Romantiker beschworen haben: »Der gute Kinderbuchautor habe … den übrigen guten Schriftstellern eines voraus, und nur dies sei entscheidend: Er stehe in unzerstörtem und unzerstörbarem Kontakt mit seiner eigenen Kindheit! Es handle sich um eine uns selbstverständliche, merkwürdigerweise aber seltene Personalunion.« Die Nähe zur eigenen Kindheit – Erich Kästner muß sie sich auch bewahren, um den Erwartungen der Mutter zu entsprechen, die in ihm zeitlebens das Kind sehen will. In der zitierten Äußerung wendet er positiv, was eigentlich nur die Konsequenz eines zwanghaften Rollenspiels ist. Und er stilisiert das Muster dieser Beziehung zur allgemeinen Lebensweisheit um: »Nur wer erwachsen wird und Kind bleibt, ist ein Mensch!«

In seinen Kinderbüchern versucht Erich Kästner, seine verlorene Kindheit wiederzugewinnen. In der Fiktion verwandelt er die »gemischten Gefühle« und Erfahrungen seiner »realen« Kinderjahre in eine ideale Wunschkindheit. Tatsächlich gehört es zu den besonderen Fähigkeiten des Autors, Kinderfiguren schaffen zu können, deren Denken und Handeln authentisch wirkt. Kästner hat keineswegs vergessen, »wie traurig und unglücklich Kinder zuweilen sein können«. Die Helden seiner Bücher plagen dieselben Ängste wie das Kind Erich Kästner. Sie fürchten, sich lächerlich zu machen oder nicht anerkannt zu werden. Sie leiden unter der Ungerechtigkeit, Dumm-

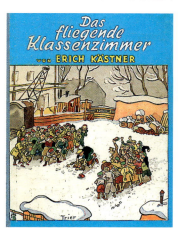

50 Titelillustration von Walter Trier zu ›Das fliegende Klassenzimmer‹, 1933

heit und Autorität der Erwachsenen und darunter, daß diese ihnen zu wenig Freiheiten lassen und zuviel von ihnen erwarten. Es sind Ängste, die nicht nur dem sich an seine Kindheit erinnernden Autor, sondern auch den Lesern vertraut sind, den Steppkes von damals ebenso wie den Zahnspangen-Kids von heute. Zum Erfolg wesentlich beigetragen hat wahrscheinlich außerdem, daß Kästner in seinen Geschichten immer wieder das kindliche Bedürfnis nach spielerischer Erprobung von Erwachsenenrollen befriedigt. Seine Kinderbuchhelden handeln so ernsthaft und selbstverantwortlich wie Erwachsene, und stets enden ihre abenteuerlichen Ausflüge ins Leben der Großen erfolgreich und glücklich.

Der Vernunft der Erwachsenen traut Kästner zunehmend weniger. In der »Verkehrten Welt« im ›35. Mai‹ gibt es eine von Kindern geleitete Schule für schwer erziehbare Erwachsene, in der Eltern die Leiden ertragen müssen, die sie ihren Kindern zugefügt haben. Kinder sind für ihn die besseren Menschen, weil sie »dem Guten noch nahe wie Stubennachbarn« sind. Konsequenterweise nehmen die Jungen und Mädchen in Kästners Büchern ihre Erziehung selbst in die Hand, sie lernen miteinander und voneinander. In ›Emil und die Detektive‹ zum Beispiel streiten und debattieren der brave Emil, der besserwisserische Professor, der patente Gustav und eine Reihe weiterer grundverschiedener Jungen darüber, wie der Dieb am besten zu fassen sei. Soll man ihm das gestohlene Geld einfach wieder stehlen? Benötigt man einen Revolver? Die Kinder prüfen Vorschläge und entwickeln Pläne, beschließen Strategien und werden schließlich aktiv. Jeder trägt auf seine Weise zum Erfolg des Unternehmens bei. Jeder lernt etwas über Hilfsbereitschaft, Solidarität, Ehrlichkeit, Vernunft, Pflicht und Verantwortung. Selbst der »Musterknabe« Emil gewinnt noch an Selbstbewußtsein dazu und entwickelt

---

»Wir sind alle zu gleicher Zeit hier und zu Hause«, sagte Babette. »Dieser Waffelbruch nun hat einen Jungen, der heißt Arthur Waffelbruch. Und der wird von seinem Vater abends stundenlang auf den Balkon gesperrt, besonders dann, wenn es regnet. Und wißt ihr warum? Bloß weil er schlecht rechnet. Und er gibt sich solche Mühe! Da steht Arthur dann auf dem Balkon und fürchtet sich und weint und friert und wurde immer

sich vom überbehüteten Jungen zum Beschützer der Mutter. Faszinierend für junge Leser ist aber wohl vor allem, daß in ›Emil und die Detektive‹, ›Pünktchen und Anton‹, ›Das fliegende Klassenzimmer‹ und ›Emil und die drei Zwillinge‹ nicht gespielt, sondern tatsächlich gehandelt wird. Die Kinder lösen Probleme, an denen die Großen gescheitert sind. Sie sind klüger als die Erwachsenen, die sich überwiegend mit Statistenrollen begnügen müssen.

51 »Der Schutzmann, der Bankbeamte, der Dieb in der Mitte, und hinterher neunzig bis hundert Kinder!« Illustration von Walter Trier aus ›Emil und die Detektive‹

In der Kritik der Kinder- und Jugendliteratur haben Kästners Bücher für junge Leser von Beginn an viel Zustimmung erfahren. Gelobt werden die Bezüge zur Lebenswelt der Kinder, die modernen Themen und Motive, die spannende Handlung, die brillante sprachliche Gestaltung und der Humor. Die ausgewogene, den allgemeinen Prinzipien der Aufklärung und des Humanismus verpflichtete moralische »Botschaft« der Bücher macht es progressiv wie konservativ eingestellten Rezensenten gleichermaßen leicht, sich positiv zu äußern. An der Beliebtheit der Kästnerschen Kinderbücher ändert selbst die ideologiekritische Revision seit den siebziger Jahren wenig. Verfechter einer antiautoritären und emanzipatorischen Kinder- und Jugendliteratur lehnen seine Werke ab, weil darin ihrer Meinung nach die tatsächlichen politischen und sozialen Zustände der Zeit unangemessen verharmlost und verfälscht werden. Als

blässer und kränker. Und rechnen konnte er vor lauter Angst überhaupt nicht mehr.« ...
»Und nun stellen wir hier den Vater auf den Balkon«, erzählte Babette. »Und der Wind muß heulen. Und das machen wir so lange, bis der Mann merkt, wie er den Jungen quält.«
In der Schule für schwer erziehbare Erwachsene. Aus ›Der 35. Mai‹, 1932

Beleg dient unter anderem der Schluß von ›Pünktchen und Anton‹ mit dem harmonischen Ausgleich zwischen Arm und Reich. Der Vorwurf des »Fassaden-Realismus« (Marianne Bäumler) zielt jedoch an den Absichten des Autors vorbei. Er hat das Ziel einer sozialkritischen Aufarbeitung der zeitgenössischen Gegenwart nicht verfehlt, wie ihm in der wissenschaftlichen Auseinandersetzung mit seinem kinderliterarischen Werk verschiedentlich unterstellt wird, er hat ein derartiges Ziel nie verfolgt! Dem »Schulmeister« Kästner bedeutet moralische Aufklärung stets mehr als eine getreue Abbildung von Wirklichkeit. Sein Anliegen ist ein pädagogisches. Um es zu vermitteln, bedient er sich auch utopischer Elemente, die keine realen, sondern ideale Zustände abbilden, wie Kästner sie sich vorstellt und erhofft.

52 Kinderzeichnung zu ›Das fliegende Klassenzimmer‹

Für das junge Publikum jedenfalls ist Kästner Freund und Verbündeter. Es fühlt sich bei der Lektüre geborgen und klappt die Bücher mit dem zufriedenen Gefühl zu, daß die Welt wieder intakt, vielleicht sogar ein wenig schöner geworden ist. Bald nach dem Erscheinen von ›Emil und die Detektive‹ überschwemmt Kästner eine Flut von Briefen, Zeichnungen und Telefonanrufen. Voller Stolz und Rührung läßt er die Briefe abschreiben, schickt die schönsten der Mutter und druckt eine Auswahl davon in einem Zeitungsartikel ab.

> Kästners Einstellung zum Kind bewegte sich auf einem ähnlich schmalen Grat zwischen einer vorsichtigen und zeitgemäß nüchternen Erneuerung des romantischen und neuromantischen Kindheitsmythos, dem das Kind, weil ursprungsnah, als der bessere Mensch und der wahre Lehrer der Erwachsenen gilt, und einer pädagogisch praktikablen Mischung von erwachsener Autorität und der Förderung kindlicher Selbständigkeit. Kästner nahm die Kinder ernst, ohne sie zu vergöttern, und er teilte ihnen und den erwachsenen Mitlesern das in all seinen Büchern immer wieder mit. Er ist damit einer [!] in der Kinderliteratur seiner Zeit seltener Wegbereiter eines liberalen, auf der verbalen Kommunikation und dem Verhandeln beruhenden Erziehungskonzepts. *Gundel Mattenklott, 1996*

Der erfolgreiche Autor

»Geld spielt keine Rolle«

Man kann die Entwicklung eines Berliner Künstlers, Journalisten oder Schriftstellers nicht deutlicher erkennen, als wenn man hört: ›Er geht nicht mehr ins Romanische. Er ist jetzt viel bei Schwanneke.‹ Diese Feststellung verrät, unausgesprochen, Kontraktabschlüsse, Avancement, Mehreinnahmen, herannahenden Ruhm. Die beiden Lokale liegen keine drei Minuten auseinander. Aber für manchen dauert der Weg von einem zum anderen Jahrzehnte, und die meisten legen ihn nie zurück.« Im Mai 1928 schreibt Erich Kästner diese Sätze in einem Artikel für die ›Neue Leipziger Zeitung‹. Er scheint sich weder der Boheme zugehörig zu fühlen, die im legendären Romanischen Café auf ihre künstlerische Entdeckung hofft, noch der Prominentenszene der Republik, die bei Schwanneke verkehrt. Gleichwohl dauert es nur knapp 17 Monate, bis er selbst mit großer Selbstverständlichkeit häufig den Weg von dem vor Betriebsamkeit schwirrenden »Wartesaal der Talente« an der Gedächtniskirche zum gediegenen Weinlokal in der Rankestraße zurücklegt, wo neben anderen Bertolt Brecht, Elisabeth Bergner, Heinrich George und Carl Zuckmayer

53 ›Im Romanischen Café‹, Gemälde von Willy Jaeckel, 1912

Unsere Heimat waren die Cafés. Die Cafés hatten damals noch eine Funktion, die verlorengegangen ist. Sie waren die Wechselstuben der Gedanken und Pläne, des geistigen Austauschs, die Produktenbörse der Dichtung, des künstlerischen Ruhms und auch des Untergangs.
Max Krell, Freund Erich Kästners und Stammgast des Romanischen Cafés

abends nach dem Theater anzutreffen sind. Kästner, der den spektakulären öffentlichen Auftritten mancher Kollegen nicht viel abgewinnen kann, hält sich zum Arbeiten jetzt meist in seinem neuen Stammcafé Leon am Lehniner Platz auf, nur einen Katzensprung von seiner Wohnung entfernt. Hier entwickelt sich ein enger Kontakt zum ›Kabarett der Komiker‹, das seit 1928 im selben Haus untergebracht ist. Dem Publikum werden allabendlich freche, witzige Programme mit gesellschaftskritischem Anspruch geboten, in denen Elemente von Kabarett, Revue und Varieté in neuer Weise miteinander kombiniert sind. Neben Alfred Polgar, Walter Mehring und Kurt Tucholsky zählt schon bald Erich Kästner zu den Beiträgern. Edmund Nick komponiert Melodien zu zahlreichen Gedichten von Kästner. Mit diesen Chansons begeistern Trude Hesterberg, Blandine Ebinger und Kate Kühl die Zuhörer. Auch der beliebte Schauspieler und Operettenstar Max Hansen wird Kästners Kunde. Wenn er einen Liedtext braucht, holt der Chauffeur den Dichter ab und fährt ihn ins Hotel Bristol. »[Wir] essen, er liest den Text, legt 240 M auf den Tisch, gibt einen neuen Auftrag, den ich morgen erledige.«

Im Oktober 1929 erfährt Kästner aus der Zeitung von der ersten Auszeichnung für sein literarisches Schaffen. Im Rahmen der Verleihung des Kleistpreises wird er lobend erwähnt. Der Mutter schreibt er am 23. Oktober: »Der Kleistpreis selber – der vornehmste deutsche Dichterpreis – wäre mir allerdings wesentlich lieber gewesen als nur die Kleistpreisehrung. Aber es ist ja immer noch besser als nichts. ... Also wieder ein Schritt vorwärts! ... Langsam werden's schon alle merken, daß ich im Anmarsch bin.« In den folgenden Monaten reist Kästner kreuz und quer durch Deutschland, unter anderem nach Köln und Danzig, nach Königsberg und Leipzig. Er steht für Autogrammstunden zur Verfügung, liest in Arbei-

54 Max Hansen, Max Adalbert, Kurt Robitschek und Paul Morgan (von links nach rechts) beim Auftritt im ›Kabarett der Komiker‹

terbüchereien, Buchhandlungen, Kaufhäusern und in den Kinderstunden des Hörfunks. Bis 1931 steigt die Erfolgskurve seiner »Schreibfabrik« steil an. Bereits im Oktober 1928 hat er sich ein »& Co.« zugelegt, seine Sekretärin Elfriede Mechnig. »Wollen Sie mir helfen, berühmt zu werden?« fragt er die junge Frau aus gutem Haus beim ansonsten wortkargen Einstellungsgespräch auf der Terrasse des Carlton. Sie will, und sie bleibt 45 Jahre für ihn tätig, zuerst als Sekretärin, später als Leiterin seines Vertriebsbüros. Die »treue Mechnig« schreibt alle Werke ihres Chefs mit der Maschine, teils nach Diktat, teils nach seinen Bleistiftmanuskripten.

Erich Kästners rasanter Aufstieg liegt unter anderem in seinem Selbstverständnis als Gebrauchsautor begründet. Die Vorstellung, Kunst allein um der Kunst willen zu betreiben, ist ihm völlig fremd. Auch die Rolle des armen Dachkammerpoeten mag er nicht spielen. Seine Werke sind Waren, die – gute Qualität vorausgesetzt – angemessen zu bezahlen sind. Vom Beginn seiner Karriere an orientiert er sich an den Bedürfnissen des kulturellen Marktes und kümmert sich intensiv um eine optimale multimediale Verwertung seiner künstlerischen Produkte. Aus Gedichten werden Chansons und Revuen, aus Kinderbüchern Filme, Theaterstücke und Hörspiele. Elemente aus Kurzgeschichten und Zeitungsartikeln finden sich in seinen Romanen wieder, und Teile der Romane werden zu Kurzgeschichten umgearbeitet. Den Höhepunkt seines literarischen Schaffens bildet das ebenso produktive wie kräftezehrende Jahr 1931, in dem er unermüdlich zwischen Zeitungsredaktionen, Filmstudios, Theaterbühnen und Hörfunksendern

55 Trude Hesterberg

Trude Hesterberg (1892–1967)
Die Berliner Schauspielerin und Sängerin debütiert 1912 im Deutschen Theater Berlin. Ab 1914 tritt sie in Kabaretts auf. 1921 gründet sie die ›Wilde Bühne‹, eines der führenden literarisch-politischen Kabaretts der Hauptstadt. Ihre größten Theatererfolge hat sie mit Rollen in den Brecht-Stücken ›Aufstieg und Fall der Stadt Mahagonny‹ und ›Dreigroschenoper‹. Nach 1945 arbeitet Hesterberg als Schauspielerin und Kabarettistin in München.

56 Der erfolgreiche Autor 1930

hin und her hetzt, zahlreiche Gedichte und Artikel sowie einen Roman für Kinder und einen für Erwachsene schreibt.

Bereits im August 1927 hat Kästner versucht, im Filmgeschäft Fuß zu fassen. Er kann Reinhold Schünzel für einen »Märchen- und Kinderfilm« interessieren: »Das könnte doch ein Weltschlager werden!« Einen ganzen Tag lang wartet er im Büro der Filmgesellschaft, bis Schünzel nach Schauspielern, Fotografen und Filmarchitekten endlich den Drehbuchautor in spe empfängt. Doch offenbar zerschlägt sich das euphorisch begonnene Projekt wie so vieles andere in diesen turbulenten Berliner Jahren, wo sich Schauspieler, Regisseure, Schriftsteller, Journalisten, Kabarettisten und Musiker Tag für Tag und Nacht für Nacht in verrauchten Kaffeehäusern und Bars treffen, an kleinen Marmortischen sitzen, endlos debattieren und Pläne schmieden und wo jeder mit jedem etwas zusammen »unternehmen« will.

Sein ›Emil‹ öffnet ihm dann endlich die Türen der Filmgesellschaften. Die Branche boomt. In Berlin baut man die größten und schönsten Kinopaläste Europas, moderner und prachtvoller ausgestattet als manches Theater. Das monumentalste Lichtspielhaus der Stadt, der Ufa-Palast am Zoo, faßt 2165 Zuschauer. Filmpremieren sind festliche Ereignisse mit elegant gekleideten Stars und vielen Zaungästen, mit rotem Teppich und Nobelkarossen. Die deutsche Filmgesell-

Der **Ufa-Palast am Zoo** wird 1919 eröffnet. Die **Ufa** (= Universum-Film Aktiengesellschaft) wird 1917 zum Zweck der Kriegspropaganda mit finanzieller Beteiligung des Staates gegründet. Sie monopolisiert in den zwanziger Jahren zunehmend die deutsche Filmproduktion. In Neubabelsberg entsteht ein riesiger Studiokomplex nach dem Vorbild von Hollywood. 1927 übernimmt die Scherl-Gruppe des deutschnational gesinnten Großverlegers Alfred Hugenberg die Aktienmehrheit der Ufa. 1929 hat der erste deutsche Tonfilm Premiere.

> Das Manuskript ist ekelhaft. Emil klaut in Neustadt einen Blumentopf für die Großmutter. In Berlin, auf der Straßenbahn, klaut er einem Herrn den Fahrschein aus dem Hut und läßt für sich knipsen. Der Herr wird von der Bahn gewiesen. Ein Goldjunge, dieser Emil. Der »Stier von Alaska« wird er genannt. Pony »die Rose von Texas«. Lauter Indianerspiel, wo doch heute kein Mensch mehr Indianer spielt. Die ganze Atmosphäre des Buchs ist beim Teufel.
>
> *An die Mutter, 16. Mai 1931*

schaft Ufa hat in Neubabelsberg bei Berlin einen riesigen Studiokomplex errichtet und schickt sich an, Hollywood Konkurrenz zu machen. Fieberhaft sucht man nach geeigneten Filmstoffen und guten Drehbuchautoren. Kästners Kinderbucherstling mit den ausgeprägten Dialogstrukturen, der lebendigen Großstadtatmosphäre und den raschen Handlungsabläufen erfüllt die Voraussetzungen in geradezu idealer Weise. Im Januar 1930 melden sich die ersten Interessenten, im Dezember unterschreibt Kästner den Vertrag bei der Ufa. Zusammen mit dem aus Ungarn stammenden Ufa-Lektor Emmerich Preßburger entwirft er im Januar 1931 während eines gemeinsamen Aufenthalts in Kitzbühel ein Drehbuchkonzept. Als er dann im Mai die ausgearbeitete Fassung liest, ist er entsetzt: »Das Manuskript ist ekelhaft.« Es gelingt ihm, durch massiven Einspruch zumindest einige der Korrekturen wieder rückgängig zu machen. Eine Woche später meldet er nach Dresden: »Und nun muß ich mir jeden Tag anschauen, was Wilder, so heißt er, aus dem 3. Manuskript macht.« Wilder ist niemand anderer als der damals noch wenig bekannte Billy Wilder, dessen Komödien nach dem Zweiten Weltkrieg Kinogeschichte machen werden. Er baut zusätzliche Spannungseffekte in die Handlung ein und fügt einen pompösen Schluß in Hollywoodmanier an. Kästner ärgert vermutlich vor allem, daß seine Helden etwas von ihrer moralischen Integrität ver-

57 **Billy Wilder** (*1906) stammt aus Österreich. Er ist zuerst in Wien als Journalist und ab 1929 in Berlin als Drehbuchautor tätig. 1933 emigriert er nach Paris und anschließend nach Hollywood. Zu seinen erfolgreichsten Filmen gehören ›Manche mögen's heiß‹, ›Eins, zwei, drei‹ und ›Das Mädchen Irma La Douce‹.

58 Filmplakat zu ›Emil und die Detektive‹

lieren. Dem Film kommen die Änderungen zugute. Im Sommer 1931 dreht Gerhard Lamprecht in Berlin an den Originalschauplätzen. »Also mir hat der Film nicht besonders gefallen«, berichtet der enttäuschte Buchautor der Mutter nach einer Voraufführung in Babelsberg. Das Publikum ist anderer Ansicht. Die Premiere Anfang Dezember 1931 hat riesigen Erfolg.

Ebenfalls 1931 kramt der junge Regisseur Max Ophüls aus dem Manuskript-Fundus der Ufa ein zweiseitiges Filmexposé von Erich Kästner heraus, aus dem der Autor und Emmerich Preßburger in acht Caféhausnächten das Drehbuch für einen offenbar recht gelungenen, inzwischen verschollenen Kurzfilm entwickeln. In ›Dann schon lieber Lebertran‹ gestaltet Kästner wieder einmal eines seiner Lieblingsthemen: die verkehrte Welt. Für einen Tag tauschen Erwachsene und Kinder die Rollen, mit dem Ergebnis, daß die Kinder fortan lieber weiter Lebertran schlucken, als in der unbarmherzigen Welt der Erwachsenen deren Aufgaben zu übernehmen. Im selben Jahr schreibt Kästner auch satirische Liedtexte für den Film ›Die Koffer des Herrn O. F.‹ von Alexis Granowsky, eine Persiflage auf die Mechanismen des Kapitalismus. Und schließlich beteiligt er sich daran, das zuvor von mehreren Autoren verpatzte Drehbuch zu dem Film ›Das Ekel‹ nach einem

> Nach Erich Kästners prächtigem Kinderbuch ›Emil und die Detektive‹ hat Gerhard Lamprecht für die UFA einen Tonfilm gedreht, der der Handlung des Romans genau folgt und nur die Spießersatire der ersten Kapitel zugunsten des schnelleren Ablaufs der Fabel wegläßt. Es ist ein flotter und sehr lebendiger Film geworden, an dem nicht nur die Kinder, sondern auch die Erwachsenen ihre helle Freude haben werden. ... ›Emil und die Detektive‹ ist der erste gute, der erste mit künstlerischem Ernst und Ehrgeiz gedrehte UFA-Film dieser Saison. *F. Rosenfeld in der ›Arbeiter-Zeitung‹ Wien, 7. Dezember 1931*

Bühnenstück von Hans Reimann umzuformulieren. Weitere Angebote muß er aus Zeitmangel ablehnen.

Nicht zuletzt deswegen, weil er eine ganze Reihe von Arbeiten für das Theater angenommen hat. Hier halten sich Erfolge und Rückschläge die Waage. Die vom Hör- zum Bühnenstück umgestaltete Zeitrevue ›Leben in dieser Zeit‹ läuft 1931 in verschiedenen Städten, unter anderem in Wien: »Die Leute schrien sich heiser vor Begeisterung«, berichtet Kästner von der Premiere. Die Berliner Volksbühne dagegen lehnt die Revue ab, weil sie »nicht radikal genug« sei, und in Leipzig wird sie nach nur sieben Vorstellungen vom Spielplan abgesetzt. Der ›Emil‹ jedoch überzeugt das kleine und große Publikum auch als Theaterstück. Bei der Uraufführung in Berlin am 3. Dezember 1930 übernimmt Theo Lingen die Paraderolle des Herrn Grundeis. In Breslau inszeniert Max Ophüls das Stück, zahlreiche weitere Orte folgen. Zu einer wahren Zitterpartie gerät dann ein Jahr später die Dramatisierung von ›Pünktchen und Anton‹. Das Deutsche Theater in Berlin will das Stück noch vor Weihnachten 1931 herausbringen. Kästner schreibt Dialoge im Akkord, jeden Tag für zwei Bilder. Sie werden sofort per Rohrpost zum Theater geschickt, wo Gottfried Reinhardt bereits mitten in den Proben steckt. Der Autor gerät mit dem – seiner Meinung nach – unzuverlässigen Regisseur mehrfach aneinander, bevor am 19. Dezember 1931 tatsächlich die gut besuchte Premiere stattfindet. Auch die nächsten Aufführungen sind beinahe ausverkauft. Doch schon die achte Vorstellung ist zugleich die letzte, weil die Einnahmen nicht den Erwartungen entsprechen. Kästner ist außer sich: »Ich hab eine Wut im Bauch, ich könnte denen das ganze Theater zerhacken.«

Der »brave« ›Emil‹ macht seinen Urheber nicht nur populär, sondern auch wohlhabend. Dabei resultiert der Gewinn anfangs weniger aus dem Buchverkauf, der mit dreißig Pfennigen

59 **Max Ophüls** (1902–1957) ist zunächst Theaterschauspieler, bevor er ab 1930 als Regisseur tätig ist. Bekannt wird er vor allem durch die Verfilmung von Arthur Schnitzlers ›Liebelei‹ (1932), seiner letzten Arbeit vor der Emigration nach Frankreich 1933. Von 1941 bis 1949 lebt er in Amerika, anschließend wieder in Paris.

pro Exemplar eher bescheiden ist, als aus Nebenverwertungen wie der Vergabe von Auslandslizenzen, Film- und Bühnenrechten. Für die deutschen Filmrechte fordert Kästner zum Beispiel 10 000 Mark. Mit Genugtuung bemißt er seinen wachsenden Erfolg als Schriftsteller an seinen steigenden Einkünften. Doch sein Verhältnis zum Geld bleibt zeitlebens ambivalent. Im Elternhaus hat er Sparsamkeit als Tugend und Notwendigkeit erfahren. Die Eltern haben auf vieles verzichtet, um die Ausbildung des Sohnes zu finanzieren. Jetzt fühlt Kästner sich verpflichtet, mit seinen Einkünften sorgsam umzugehen. In den Briefen an die Mutter spielt das Thema Geld eine zentrale Rolle. Kästner rechtfertigt beinahe jede größere Ausgabe und legt genauestens Rechenschaft über seinen Kontostand ab: Anfang 1930 hat er 4000 Mark gespart, ein Jahr später sind es knapp 20 000. Allmählich erlaubt er sich einen etwas luxuriöseren Lebensstil. Er leistet sich Maßanzüge, 1932 den ersten Frack, eine teure, gediegen eingerichtete Wohnung mit einer großen Bibliothek und Winterurlaube in den besten Hotels. Spendabel zeigt er sich gegenüber seinen Freundinnen, Kellnern, Taxifahrern und den immer weniger aus dem Stadtbild zu verdrängenden Bettlern. Während der Wirtschaftskrise 1931 versucht er, einen Mittagstisch für Notleidende im Café Leon zu initiieren, und er spendet für wohltätige Zwecke. Ida Kästner protestiert offenbar gegen die Freigebigkeit ihres Sohnes, der sich diesmal mit ungewohnter Entschlossenheit gegen ihre Vorwürfe wehrt. Dabei verhält er sich der Mutter gegenüber am großzügigsten. Er schickt ihr in beinahe jedem Brief »Scheinchen«, macht ihr teure Geschenke, finanziert gemeinsame Herzkuren in Bad Nauheim und anderswo und versichert ihr, als sie wieder einmal krank ist: »Geld spielt wirklich keine Rolle, mein einziges!«

Und nun zu Deinem Geldkummer über mich. Die Sache ist wirklich nicht schlimm, glaub mir's doch endlich! Ich verdiene doch genug und spare nur etwas weniger, wenn ich im Jahr fast hundert Mark für die armen Leutchen rausrücke. Wenn ich ein Kind hätte, wie Du eines hast, wäre ich anders. Aber so bin ich denn eben ein klein bißchen wohltätig. Wohltätigkeit ist die schönste christliche Tugend! Was hast Du nur dagegen? Ich entbehre doch deswegen nichts. Ich spare außerdem. Also, warum stört Dich das so? Daß es die Betroffenen nicht wert sind, hat da nichts zu sagen! ... Ich gebe doch nicht, damit man mir wieder gibt. Ich hoffe, es nie nötig zu haben. Also Muttchen, überleg Dir die Sache noch mal, und sieh nicht so schwarz! *An die Mutter, Berlin am 28. Februar 1931*

›Fabian. Die Geschichte eines Moralisten‹

»Ich weiß ein Ziel, aber es ist leider keines.«

Mit dem Roman geht's langsam weiter. Ich steck jetzt im 5. Kapitel und hab heute die erste Hälfte vom 1. Kapitel diktiert«, berichtet Erich Kästner am 11. November 1930 nach Dresden. Sieben Monate später soll er das Manuskript bei der Deutschen Verlags-Anstalt in Stuttgart einreichen. Immer wieder muß er die Arbeit unterbrechen. Auftragsgedichte und Artikel für die Presse sind abzuliefern, der ›Emil‹ soll verfilmt und für die Bühne bearbeitet werden, verschiedene Theater wollen ›Leben in dieser Zeit‹ aufführen, und Edith Jacobsohn wartet auf einen neuen Bestseller für Kinder. Trotz seines enormen Arbeitspensums registriert Kästner voller Besorgnis die immer deutlicheren Krisensymptome im Land. Der New Yorker Börsenkrach vom Oktober 1929 hat eine weltweite Wirtschaftskrise ausgelöst. In Deutschland klettert die Arbeitslosenzahl innerhalb weniger Jahre von einer auf fünf Millionen. Die politische Situation eskaliert im März 1930, als die letzte Regierung der Weimarer Republik zurücktritt, die sich auf eine parlamentarische Mehrheit stützen konnte. Es beginnt die

60 Schlangen verängstigter Sparer vor der Sparkasse der Stadt Berlin am Mühlendamm, 1931

Phase der zunehmenden Entmachtung des Parlaments, der Präsidialkabinette und des Regierens durch Notverordnungen. Bei der Reichstagswahl vom 14. September 1930 triumphieren die Nationalsozialisten, deren Partei, die NSDAP, zur zweitstärksten politischen Macht nach den Sozialdemokraten aufsteigt.

Der Roman wächst Kapitel um Kapitel. Im Juli 1931 schaltet Kästner das Telefon ab, um ungestört arbeiten zu können. Er schreibt ein Kapitel neu und korrigiert den Text mehrfach, bevor er ihn am 27. Juli abschickt. Zum ersten Mal scheinen ihn Zweifel an der Qualität seines Werkes zu plagen. Wird der Roman überhaupt angenommen werden? Wird er an die bisherigen Erfolge anknüpfen können? Die Unsicherheit weicht erst, als Anfang August eine positive Nachricht aus Stuttgart eintrifft. Allerdings wünscht der Verleger noch einige Änderungen. Ihm gefällt weder der ursprüngliche Titel ›Sodann & Gemorrha‹ als Verballhornung von »Sodom und Gomorrha« noch der alternative Vorschlag ›Der Gang vor die Hunde‹. Ein Kapitel, bezeichnenderweise eine bösartige Satire auf einen Verlagsdirektor, und die geplanten Nachworte fallen dem Korrekturstift zum Opfer. Im Oktober 1931 erscheint Erich Kästners erster Roman unter dem Titel ›Fabian. Die Geschichte eines Moralisten‹. Es ist die Geschichte eines Menschen, der Gefahr läuft, seinen Glauben an die Gültigkeit von Moralvorstellungen ebenso zu verlieren wie seine eigenen moralischen Überzeugungen.

Der ›Fabian‹ zählt zu den »Romanen der Weltwirtschaftskrise«. In der formalen wie inhaltlichen Gestaltung hat Kästner neue Akzente gesetzt. Jakob Fabian hat mit den Helden des traditionellen Bildungsromans ebensowenig gemein wie mit den psychologisch tiefgründigen Romanfiguren von Kästners literarischen Zeitgenossen Hermann Hesse oder Franz Kafka. Es scheint, als fände es der Erzähler in dieser hektischen Zeit nicht mehr angemessen, die Herkunft und Entwicklung seines

---

Romane der Weltwirtschaftskrise: Die Verlierer der Weltwirtschaftskrise sind vor allem die Angestellten. Sie sind überdurchschnittlich stark von der Arbeitslosigkeit betroffen und sehen sich am meisten in ihren Aufstiegshoffnungen getäuscht. Während Kleinbürger mit dem »Hang zu Höherem« bis zum Anfang des Jahrhunderts meist in »Spießersatiren« lächerlich gemacht werden, sieht man sie am Beginn der dreißiger Jahre als Opfer der gesellschaftlichen und wirtschaftlichen Umstände. Die Schriftsteller nehmen ihre Sehnsüchte und Wünsche jetzt ernst. Die bekanntesten Beispiele neben ›Fabian‹ sind:

Protagonisten in epischer Breite zu schildern und die Tiefe seines Charakters auszuloten. Die Figur des Fabian dient nicht der Identifikation, sondern verdeutlicht vielmehr den Zustand einer Krisengesellschaft. Die Struktur des Romans entspricht der explosiven Endzeitstimmung. Atemlos drängt sich Szene an Szene. Die Handlung springt hektisch zwischen rasch wechselnden Schauplätzen hin und her. Scharfe Schnitte erinnern an die neue Technik des Films, die kurzen, teilweise absurden und sensationsheischenden Überschriften lassen an die Ankündigung von Revuenummern oder die Zwischentitel von Stummfilmen denken. Jeweils drei leiten die 24 kurzen Kapitel ein, zum Beispiel: ›Vierzehn Tote in Kalkutta – Es ist richtig, das Falsche zu tun – Die Schnecken kriechen im Kreis‹.

61 Die Stadt fasziniert und ängstigt zugleich. ›Widmung an Oskar Panizza‹, 1917/1918 von George Grosz

Der Leser sieht Berlin mit den Augen Fabians. Ziellos, aber besessen von einer fast selbstquälerischen Neugier durchstreift Fabian die Stadt, die ihm als »Irrenhaus« erscheint: »Im Osten residiert das Verbrechen, im Zentrum die Gaunerei, im Norden das Elend, im Westen die Unzucht, und in allen Himmelsrichtungen wohnt der Untergang.« Man trifft Fabian im Kaufhaus des Westens, im Wartesaal des Bahnhofs, in Zeitungsredaktionen und verschiedenen Filialen des Arbeitsamtes. Er besucht Cafés, Tanzpaläste, Bars und Bordelle, einen Rum-

›Mehlreisende Frieda Geier‹ (1931) von Marieluise Fleißer, ›Gilgi – eine von uns‹ (1931) und ›Das kunstseidene Mädchen‹ (1932) von Irmgard Keun sowie ›Kleiner Mann – was nun?‹ (1932) von Hans Fallada.

melplatz und ein Bildhaueratelier. Den Moralisten zieht es an die verrufensten Stellen der Stadt. Überall kommt er mit Menschen in Kontakt. Er lernt den zynischen Redakteur Malmy kennen, der Zeitungsmeldungen manipuliert. Im Park begegnet ihm ein entmündigter Erfinder, der sich weigert, die von ihm konstruierten Maschinen bauen zu lassen, weil dadurch noch mehr Menschen arbeitslos würden. Er beobachtet einen Straßenkampf zwischen Arbeitern und Polizisten und eine Schießerei zwischen einem Faschisten und einem Kommunisten. Er trifft stolze Bettler, verzweifelte Arbeitslose, biedere Bürger, lesbische Künstlerinnen und mitleiderregende Prostituierte.

Beständig kreuzen aufdringliche Frauen seinen Weg. Seine Zimmerwirtin schaut ihn an, »als wolle sie ihm die Hose ausziehen«. Die Frau eines Handelsvertreters im Wedding, in deren Wohnung er für einen Tag die Rolle des zeitunglesenden Ehemanns spielt, verwöhnt ihn mit Sex, Kalbsleber, Bratkartoffeln und Moselwein. Die Anwaltsgattin Irene Moll, eine *femme fatale*, bemüht sich besonders beharrlich darum, ihn zu besiegen: Zuerst will sie ihn zu ihrem Geliebten machen, dann zum Sekretär ihres Männerbordells und schließlich zum Komplizen für Erpressung. Doch Fabian widersteht der personifizierten Verführung mit derselben alttestamentarischen Tugendhaftigkeit wie Joseph der Frau des Potiphar.

62 Filmplakat zu ›Berlin Alexanderplatz‹. Alfred Döblins (1878–1957) Buch ›Berlin Alexanderplatz‹ von 1929 ist der bedeutendste deutsche Großstadtroman des 20. Jahrhunderts. Der Transportarbeiter Franz Biberkopf versucht anständig und ehrlich zu werden. Er scheitert an seinem mächtigen Gegenspieler, der modernen Großstadt mit ihrer dämonischen, zerstörerischen Kraft.

Die Liebe begegnet Fabian nur einmal. Wie Fabian glaubt auch die junge, zielstrebige Juristin Cornelia Battenberg zu wissen, daß zwischen Mann und Frau längst ebenfalls die Gesetze des Kapitalismus gelten. Sie erklärt ihm: »Ihr wollt den Warencharakter der Liebe, aber die Ware soll verliebt sein. Ihr zu allem berechtigt und zu nichts verpflichtet, wir zu allem verpflichtet und zu nichts berechtigt, so sieht euer Paradies aus.« Trotzdem fühlen sich beide zueinander hingezogen und verbringen die Nacht gemeinsam. Doch die Liebe erweist sich einmal mehr als ebensolche Illusion wie der »Mondschein und der Blumenduft, die Stille und der kleinstädtische Kuß im Torbogen« auf dem Heimweg. Am folgenden Tag wird Fabian arbeitslos, und Cornelia beginnt ein Verhältnis mit einem Filmproduzenten, der ihr eine Karriere als Schauspielerin verspricht.

Wegen der zahlreichen Motive aus dem modernen Großstadtleben, der gerafften, reportageartigen Gestaltung und der emotionslosen Sprache wird ›Fabian‹ gemeinhin der ›Neuen Sachlichkeit‹ zugerechnet. Allerdings ist Fabian kein neutraler Beobachter, sondern parteiisch wie alle Moralisten. Alles, was er aus seiner subjektiven Perspektive sieht und erlebt, schildert der Autor den Lesern in gleichbleibend ironisch-bitterem Tonfall. Kästner hat im Vorwort zu einer späteren Ausgabe betont, daß es ihm nicht darum gegangen sei, die Realität wirklichkeitsgerecht abzubilden: Das Buch ist »kein Poesie- und Fotografiealbum, sondern eine Satire. Es

63 Heinrich Hoerle: ›Die Heimkehrer‹, 1930

Den Begriff **Neue Sachlichkeit** prägt der Kunsthistoriker Georg Friedrich Hartlaub, der 1923 eine Ausstellung mit dem Titel ›Neue Sachlichkeit. Deutsche Malerei seit dem Expressionismus‹ vorstellt. Zu den bekanntesten Vertretern gehören Otto Dix und George Grosz mit ihren Darstellungen des Großstadtlebens.

beschreibt nicht, was war, sondern es übertreibt. Der Moralist pflegt seiner Epoche keinen Spiegel, sondern einen Zerrspiegel vorzuhalten.« Aber ›Fabian‹ ist mehr als eine böse Karikatur des bürgerlichen Großstadtlebens am Ende der zwanziger Jahre. Der Roman stellt eine grundsätzliche Frage: Wie kann man in einer »provisorischen« Gesellschaft existieren, in der die alten Werte nichts mehr gelten und neue sich noch nicht durchgesetzt haben?

Jakob Fabian versucht gemeinsam mit seinem Freund Stefan Labude eine Antwort darauf zu finden. Nicht als Gegenspieler, sondern als einander ergänzende Figuren repräsentieren sie verschiedene Typen zeitgenössischer Intellektueller. Beide haben Germanistik studiert und sind promoviert. Anschließend trennen sich ihre Berufswege. Fabian, dessen Eltern ein Seifenlädchen betreiben, muß Geld verdienen. Er arbeitet als Werbetexter für eine Zigarettenfabrik. Labude, aus einer wohlhabenden Juristenfamilie, ist finanziell unabhängig. Er wartet auf die Beurteilung seiner Habilitationsschrift über Lessing, um anschließend seine akademische Laufbahn fortzusetzen.

Fabian, der sich selbst »Fachmann für Planlosigkeit« nennt, ist ratlos und depressiv. Er weiß kein Lebensziel: »Ich kann vieles und will nichts. Wozu soll ich vorwärtskommen? Wofür und wogegen?« Weder Geld noch Macht bedeuten ihm etwas. Auch sämtliche anderen bürgerlichen Grundwerte wie Ehe und Familie, christliche Religion, Bildungsideale und politisches Engagement bergen für ihn keinen Lebenszweck. Den gesellschaftlichen Fortschritt kann er sich nur vorstellen wie auf einer Zeichnung von Honoré Daumier: Er »hatte auf dem Blatt Schnecken dargestellt, die hintereinander herkrochen, das war das Tempo der menschlichen Entwicklung. Aber die Schnecken krochen im Kreis! Und das war das Schlimmste.« Fabians Nihilismus läßt jede Form gesellschaftspolitischen

---

In der Literatur ist der Terminus **Neue Sachlichkeit** nicht eindeutig bestimmt. Er bezeichnet verschiedene Gegentendenzen und Abgrenzungen zum Expressionismus: »Literatur sollte nun zugänglich (statt experimentell und avantgardistisch), wirksam (statt ästhetisch-autonom) und nüchtern-aufklärerisch (statt expressiv-prophetisch) sein«, schreibt Anton Kaes im Vorwort zu ›Weimarer Republik. Manifeste und Dokumente zur deutschen Literatur 1918–1933‹ (1983). Als allgemeine Stilkennzeichen gelten: wirklichkeitsnahe und zeitbezogene Themengestaltung, sachlich-neutrale Perspektive, schnelle Szenenwechsel, schlichte

Handelns sinnlos erscheinen. Er verharrt in der passiven Haltung eines Beobachters: »Ich weiß ein Ziel, aber es ist leider keines. Ich möchte helfen, die Menschen anständig und vernünftig zu machen. Vorläufig bin ich damit beschäftigt, sie auf ihre diesbezügliche Eignung hin anzuschauen.«

Labude dagegen plant sein Leben mit System. Er plädiert ganz pragmatisch für einen Weg der kleinen Schritte und sieht die Verwirklichung von Teilzielen als Erfolg an. Mit vernünftigem Handeln will er die gesellschaftspolitische Krise bewältigen. Eine radikalbürgerliche Initiativgruppe der akademischen Jugend soll sich bemühen, die europäischen Staaten zu reformieren. Doch auch Stefan Labude kann seine Pläne nicht verwirklichen. Nachdem er seine Freundin der Untreue überführt hat, ist er plötzlich überzeugt davon, daß sie ihn nie geliebt hat. Tags darauf erfährt er dann von einem Assistenten an der Universität, daß »sein« Professor beabsichtige, seine Habilitationsschrift abzulehnen – Labude erschießt sich. Später stellt sich heraus, daß der Assistent sich einen üblen »Scherz« erlaubt hat. Der Gutachter wollte Labude eine ganz hervorragende Leistung bescheinigen.

Fabian bleibt einsam zurück. »Politik und Liebe, Ehrgeiz und Freundschaft, Leben und Tod, nichts berührte ihn. Er schritt, ganz allein mit sich selbst, die nächtliche Allee hinunter. Über dem Lunapark stieg Feuerwerk in den Himmel und sank in bunten feurigen Garben zur Erde.« Er flüchtet in seinen Heimatort, wo er auf langen Spaziergängen den Menschen seiner Kindheit und Jugend begegnet. Das Angebot, für eine »rechtsstehende Zeitung« zu arbeiten, lehnt er nach kurzem Zögern ab und entschließt sich statt dessen, ins Erzgebirge zu fahren.

»Aber war das nicht Flucht, was er vorhatte? Fand sich für den, der handeln wollte, nicht jederzeit und überall ein Tatort? Worauf wartete er seit Jahren? Vielleicht auf die Erkenntnis,

Alltagssprache, Lakonie und Sprachwitz. Zur Neuen Sachlichkeit zählt man neben Erich Kästner und Hermann Kesten unter anderem auch Lion Feuchtwanger, Arnolt Bronnen, Arnold Zweig, Alfred Döblin und Hans Fallada. Anfang der dreißiger Jahre erreicht die Entwicklung ihren Höhepunkt.

64 Hermann Kesten

65 Der Selbstmord ist eines der häufigsten Motive in Kunst und Literatur der Weimarer Zeit. ›Selbstmörder‹, Gemälde von George Grosz, 1918

daß er zum Zuschauer bestimmt und geboren war, nicht, wie er heute noch glaubte, zum Akteur im Welttheater?« Und noch während er darüber nachsinnt, sieht er einen Jungen auf dem Brückengeländer balancieren, ausrutschen und in den Fluß stürzen. Sofort springt Fabian hinterher. Er ertrinkt, weil er nicht schwimmen kann. Der Junge schwimmt ans Ufer.

Die Gründe für den Tod der beiden Moralisten – dies gilt für Fabian ebenso wie für Labude – sind paradox, ihr Sterben ist so sinnlos wie ihr Leben. Sie enden als tragikomische Figuren. Beide taugen nicht als Vorbilder. Dem einen wird seine Planlosigkeit zum Verhängnis, dem anderen seine rigorose Vernunft. Es bleibt dem Leser überlassen, die negativen Exempel der beiden Helden für sich selbst positiv zu wenden und die Aufforderung »Lernt schwimmen« in der Überschrift des letzten Kapitels allegorisch auszudeuten. Die Botschaft könnte dann lauten: Handle zielgerichtet und überlegt, laß dich nicht von Fehlschlägen aus der Bahn werfen, setze den Widrigkeiten des Lebens ein »Nun-erst-recht« entgegen!

›Fabian‹ wird sofort ein großer Verkaufserfolg. Schon nach einem Monat hat der Verlag die ersten 10 000 Exemplare ausgeliefert und beginnt mit dem Druck der zweiten Auflage. Der enge-

›Fabian‹ ist einer der gescheitesten deutschen Romane der Weimarer Republik. Er hat die Poesie, das Personal, die Situationen der Gedichte Kästners und die Bildkraft seiner Balladen.
  Der spöttische Charme, der epigrammatische Hohn, die kontrollierte Sentimentalität und vernünftige Leidenschaft seiner Gedanken und Spra-

re Freundeskreis Kästners ist begeistert. Die linksliberalen und demokratischen Blätter, in denen er selbst publiziert, äußern sich anerkennend über das Werk ihres freien Mitarbeiters. Hermann Kesten schreibt eine positive Rezension für das ›Tage-Buch‹, Rudolf Arnheim für die ›Weltbühne‹. Zeitgenössische Autoren wie Hermann Hesse oder Hans Fallada heben hervor, daß die Sehnsüchte eines einsamen und vergeblich nach Lebenssinn suchenden Menschen, der schon ein »klein wenig« geknickt ist, einfühlsam geschildert werden. Weniger verständnisvoll äußern sich linksextreme, konservative und rechtsradikale Presseorgane. Die konservativen Zeitungen halten sich weiter an die bei der Beurteilung der Gedichtbände erprobte sittliche Entrüstung über die freizügige Darstellung sexueller Themen. Kommunistische Zeitungen wie die ›Rote Fahne‹ vermissen dagegen kämpferisches Pathos und – der marxistischen Ästhetik gemäß – gesellschaftsverändernde Lösungsansätze und Handlungsperspektiven. Die Passivität und Standpunktlosigkeit des Helden lasse das Werk »trist und trüb« erscheinen. Weil Kästner darauf verzichtet, ausdrücklich zu einem bestimmten politischen Handeln aufzufordern, wirft man ihm vor, indirekt zur Etablierung des Nationalsozialismus beigetragen zu haben. Dabei ist es gerade diese Weigerung, die den ›Fabian‹ zum radikalsten und zum »ehrlichsten« Buch der Weimarer Zeit macht. Wo andere Autoren wie Alfred Döblin, Hans Fallada oder Irmgard Keun immer noch zumindest einen Hauch von Hoffnung auf eine bessere Zukunft zulassen, ist Kästners Haltung unnachgiebig. Er sieht nur die Möglichkeit, mit der Einsicht weiterzuleben, daß es keine wirklich überzeugende Antwort auf die Frage nach dem Sinn des Lebens gibt, oder, wie er es in einem seiner Gedichte formuliert: »Ich kam zur Welt und lebe trotzdem weiter.«

Hermann Kesten hat darauf hingewiesen, daß Kästners Werke insgesamt eine »transfigurierte Autobiographie« sind. Das gilt

---

che, vor allem die glänzende Leichtigkeit der Erzählung und des szenischen Wechsels unterhalten den Leser eines sehr subjektiven Autors, der den Umsturz der herrschenden Meinungen und die Bildung besserer Verhältnisse und Menschen befördern will.

Hermann Kesten, 1958

ganz besonders für den ›Fabian‹. Daß Jakob Fabian und Stefan Labude dem Autor ähneln, ist unschwer zu erkennen: Labudes unglückliche Liebe zum Beispiel enthält viele Merkmale von Kästners Beziehung zu Ilse Julius, das Lessingthema seiner Dissertation wollte Kästner ursprünglich als Habilitationsschrift bearbeiten. Fabians Mutter ist natürlich »die beste Frau des Jahrhunderts«, und es lassen sich noch zahlreiche weitere Übereinstimmungen finden. Die Analogie zwischen den Hauptfiguren und dem Autor bleibt nicht auf Äußerlichkeiten beschränkt. ›Fabian‹ kann als Beschreibung einer persönlichen Krise und Versuch einer Selbsttherapie gelesen werden. Den beiden Hauptfiguren hat Kästner die eigenen Zweifel am Sinn des Lebens und an seinen moralischen Überzeugungen eingeschrieben. Bilden tatsächlich nur die Tugenden der Kleinbürger die Basis zu einem erfüllten und zufriedenen Leben? Kästner ist hin- und hergerissen zwischen der gesellschaftlichen Verantwortung eines pflichtbewußten Kleinbürgers und dem ausgeprägten Individualismus eines selbstbewußten Großbürgers. Als bewundertes Musterbeispiel dafür gilt ihm Henri Stendhal, den er als einen der »klassischsten Egoisten« der Geschichte rühmt. »Er war das Individuum par excellence, unpolitisch, unsozial; interessiert nur an sich selbst und an den Dingen, die ihm gefielen.« So ist Kästners Doppelselbstportrait im ›Fabian‹ auch Ausdruck seines sozialen Grenzgängertums. Es versinnbildlicht die Verunsicherung eines Menschen, der dem Denken und Fühlen seines kleinbürgerlichen Herkunftsmilieus entwachsen ist, im Großbürgertum aber nie ganz heimisch werden wird, und ist damit ein Spiegel für Kästners eigenes Dilemma.

Karl schrieb: »Charakteristikum des Schriftstellers: Proponiert eignen Todestag. Unumstößlicher Termin. Höhere Gewalt verhindert Ausführung. Eine Stunde später skizziert Schriftst. bereits Stichworte zu Roman, Thema Fortleben nach Tod. Also eigene Ausweglosigkeit wird selbsttätig und sofort objektiviert, wird epischer Plan und somit – eigner Ausweg! (Oder nur scheinbar?)«

Aus ›Die Doppelgänger‹, 1933

Vom erfolgreichen zum »verbrannten« Autor

»Wer nichts sieht, wird nicht gesehen.«

Ärger, nichts als Ärger: mit dem Deutschen Theater, das ›Pünktchen und Anton‹ nach wenigen Aufführungen absetzt; mit der Verlegerin, die sich zu wenig um die Interessen ihres Autors kümmert; mit dem Regisseur des Films ›Die Koffer des Herrn O. F.‹, der Änderungen der Liedtexte verlangt. Nach einem ungemein produktiven Jahr fühlt Kästner sich im Januar 1932 »klapprig wie ein alter Gaul«. Mitte des Monats reist er für vier Wochen zur Erholung nach Kitzbühel. Er gibt sich als »Sonderling«, unternimmt ausgedehnte Spaziergänge und Sonnenbäder, beobachtet das Leben und Treiben in dem Luxushotel und registriert geschmeichelt, daß man ihn erkennt. Auch als er wieder in Berlin ist, drängt es den Autor nicht an den Schreibtisch: »Ich hab noch so gar keine Arbeitslust, mache nur das Nötigste.« Seine ungewohnte Energielosigkeit paßt zu der lähmenden Stimmung im Lande vor der Reichspräsidentenwahl 1932. Anfang März rät Kästner der Mutter: »Hindenburg wählen, ist im Augenblick das Beste.« So denken die meisten. Am 10. April 1932 gewinnt Paul von Hindenburg die Stichwahl gegen Adolf Hitler. Alle demokratisch Gesinnten atmen auf. Doch bereits die Reichstagswahlen im Juli bringen die Nationalsozialisten ihrem Ziel wieder ein Stück näher. Sie überrunden die Sozialdemokraten und werden stärkste Partei im Land. Eine regie-

66 Im ersten Frack. »Aber etwas Nettes hab ich zum Ball doch gemacht. Ich hab' mich bei Blitzlicht, im Frack, allein für Muttchen, fotografieren lassen. Morgen krieg ich die Bilder. Hoffentlich ist was draus geworden.« *An die Mutter aus Kitzbühel, 7. Februar 1932*

rungsfähige Mehrheit kommt indes weder jetzt noch bei der folgenden Wahl im November zustande. Das Schicksal der Weimarer Republik ist besiegelt, als der greise Reichspräsident am 30. Januar 1933 Hitler zum Reichskanzler ernennt. Mit einem martialischen Fackelzug durchs Brandenburger Tor feiert die nationalsozialistische Partei ihren Triumph. Am 27. Februar brennt der Reichstag. Die neuen Machthaber haben den Anschlag höchstwahrscheinlich selbst inszeniert. Sie präsentieren einen kommunistischen Täter und verhaften in einer sogenannten »Vergeltungsaktion« zahlreiche Kommunisten, Sozialdemokraten und linksgerichtete Publizisten. Am Tag nach dem Brand verlassen neben vielen anderen auch Bertolt Brecht und Heinrich Mann Berlin. Edith Jacobsohn, Jüdin und Herausgeberin der ›Weltbühne‹, überläßt ihren Kinderbuchverlag der Mitarbeiterin Cecilie Dressler und flieht nach London. Eine Woche später ist die ›Weltbühne‹ verboten, der Chefredakteur Carl von Ossietzky wird in einem Konzentrationslager gefoltert. Kästners Dresdner Schulfreund, der Schauspieler Hans Otto, ein engagierter Kommunist, wird von der Gestapo ermordet und aus dem Fenster gestürzt. Hermann Kesten löst für sich und seine Familie Zugfahrkarten nach Paris. Und Kästner? Erich Kästner fährt nach Meran – in den Urlaub. Bei einem Aufenthalt in Zürich trifft er Berliner Freunde und Kollegen. In den Kaffeehäusern kommt es zu heftigen

67 Der Fackelzug durch das Brandenburger Tor, 30. Januar 1933

> Wie ihr's euch träumt, wird Deutschland nicht erwachen.
> Denn ihr seid dumm, und seid nicht auserwählt.
> Die Zeit wird kommen, da man sich erzählt:
> Mit diesen Leuten war kein Staat zu machen!
> *Aus ›Marschliedchen‹ (zuerst unter dem Titel*
> *›Denn ihr seid dumm‹, in ›Weltbühne‹, 2. August 1932)*

Diskussionen, unter anderem mit Anna Seghers. Die Exilanten verstehen nicht, warum er zurück nach Berlin will. Er versteht nicht, warum sie nicht in Berlin geblieben sind: »Es sei unsere Pflicht und Schuldigkeit, sagte ich, auf unsere Weise dem Regime die Stirn zu bieten.« Fast trotzig beharrt er darauf, seine Beobachterrolle weiterzuspielen. »Ein Schriftsteller will und muß erleben, wie das Volk, zu dem er gehört, in schlimmen Zeiten sein Schicksal erträgt.« Dem Freund Hermann Kesten vertraut er an, daß es nicht zuletzt das Gefühl der Verantwortung für die Eltern ist, das ihn von einer Emigration abhält. Wer ihn kennt, weiß, daß dies ein sehr wichtiger Grund ist. Früh erkennt Kästner offenbar auch, daß er zum Leben außerhalb Deutschlands nicht taugt: »Ich bin ein Deutscher aus Dresden in Sachsen. / Mich läßt die Heimat nicht fort. / Ich bin wie ein Baum, der, in Deutschland gewachsen, / wenn's sein muß, in Deutschland verdorrt.« Zehntausende verlassen das Land in diesen Tagen und Wochen, weil sie wegen ihres Glaubens, ihrer politischen oder moralischen Überzeugungen in diesem Staat nicht mehr leben können. Sie begeben sich auf eine ungewisse Irrfahrt durch Europa und Amerika. Erich Kästner reist Anfang April 1933 zurück nach Deutschland, wo das parlamentarische System inzwischen gänzlich außer Kraft gesetzt ist. Die Institutionen und Organisationen des öffentlichen Lebens werden entweder mit der faschistischen Ideologie gleichgeschaltet oder verboten. In den nächsten zwölf Jahren kann niemand seines Lebens sicher

> Mein liebes, gutes, besorgtes Muttchen Du! Vielen Dank für Deinen Brief und die Karte. Also, mit dem Draußenbleiben, das kommt gar nicht in Frage. Ich hab ein gutes Gewissen, und ich würde mir später den Vorwurf der Feigheit machen. Das geht nicht. Außerdem bekommt mir das Fortsein immer nur ein paar Wochen.
> Milliardonen Gr. u. Küßchen   von Deinem ollen Jungen
> *An die Mutter aus Meran, 27. März 1933*

68 Hitler-Plakat 1938/1939. **Adolf Hitler** (1889–1945): Der gebürtige Österreicher kommt 1913 nach München. 1921 übernimmt er den Vorsitz der Nationalsozialistischen Deutschen Arbeiterpartei (NSDAP). Nach seiner Ernennung zum Reichskanzler wird Deutschland innerhalb weniger Monate in einen totalitären Einparteienstaat verwandelt. Nach dem Tod Hindenburgs vereinigt Hitler alle staatlichen Machtpositionen auf sich. In seiner Programmschrift ›Mein Kampf‹ hat er die nationalsozialistische Ideologie formuliert, deren Kernpunkte ein ausgeprägter Antisemitismus und Sozialdarwinismus sowie das Postulat eines extremen außenpolitischen Expansionskurses sind.

sein, der sich nicht ausdrücklich zum Nationalsozialismus und dessen »Führer« Adolf Hitler bekennt.

Kästner merkt schnell, daß ihm sein »gutes Gewissen« im Zweifelsfall nicht viel nützt. Die neuen Herrscher machen keinen Hehl daraus, daß sie keine Dichter mögen, die in ihren Werken Krieg und Militarismus verteufeln, melancholische Helden und zerrüttete Familienstrukturen beschreiben. In einem ›Brief an den Weihnachtsmann‹ wünscht sich der Schriftsteller: »Und nach München lenk die Schritte, / wo der Hitler wohnen soll. / Hau dem Guten, bitte, bitte, / den Germanenhintern voll!« Mit Ausnahme des ›Emil‹ werden alle Titel seiner Bücher auf schwarze Listen gesetzt, die eifrige Bibliothekare und der »Kampfbund für Deutsche Kultur« ab Frühjahr 1933 erstellen. In einer großangelegten Propagandaaktion durchsuchen Studenten private und öffentliche Büchereien nach »zersetzen-

---

Alles an ihm war zierlich, aber nie verziert, und das Herz war groß. Es sollte groß bleiben, als der braune Graus kam. Er wich nicht, er durfte nicht schreiben, aber er tat es doch. Die Freunde verliehen ihm den Titel »der letzte in Deutschland gebliebene Emigrant«. Noch aus der Ferne fürchtete man für sein Leben, das jeden Augenblick in einem Konzentrationslager untergehen konnte.
Max Krell über Erich Kästner in seinen Erinnerungen ›Das alles gab es einmal‹, 1961

dem Schrifttum«, zu dem sie Werke ausländischer und insgesamt 24 deutschsprachiger Schriftsteller rechnen, unter anderem von Thomas Mann, Bertolt Brecht, Kurt Tucholsky, Alfred Döblin und Erich Maria Remarque. Allein in Berlin werden rund 20 000 Bände zusammengetragen und am 10. Mai 1933, begleitet von den Hetzparolen des Propagandaministers Joseph Goebbels, ins Feuer geworfen. Mitten im Gedränge steht einer, der den Hut tief ins Gesicht gezogen hat. Erich Kästner schildert 1946 das »gemeinste« seiner Erlebnisse: »Ich stand vor der Universität, eingekeilt zwischen Studenten in SA-Uniform, den Blüten der Nation, sah unsere Bücher in die zuckenden Flammen fliegen und hörte die schmalzigen Tiraden des kleinen abgefeimten Lügners. Begräbniswetter hing über der Stadt. ... Es war widerlich. Plötzlich rief eine schrille Frauenstimme: ›Dort steht ja Kästner!‹ ... Mir wurde unbehaglich zumute. Doch es geschah nichts.«

Dem »unerwünschten« Autor geschieht auch weiterhin vergleichsweise wenig. Im Dezember 1933 verhaftet ihn die Gestapo und beschlagnahmt sein Konto, weil man glaubt, er sei nach Prag emigriert und wolle in Berlin nur sein Geld abheben. In dem mehrstündigen Verhör gelingt es Kästner, die Beamten von der Unrichtigkeit dieser Informationen zu überzeugen. Ebenso glimpflich verläuft eine zweite Festnahme im Mai 1937. Zweimal wird er gemustert, wegen seines Herzleidens aber als untauglich zurückgestellt. Man beobachtet und bespitzelt ihn. Doch selbst Berichte, in denen Kästner als »Kommunist« bezeichnet wird, bleiben folgenlos. Manchen Razzien entgeht er durch glücklichen Zufall, manchen durch Hinweise verläßlicher Freunde und rechtzeitige Flucht nach Dresden. Möglicherweise schützt ihn auch seine internationale Popularität als Kinderbuchautor. Und er trägt selbst dazu bei, daß man ihn weitgehend unbehelligt läßt, denn er verhält sich so unauffällig wie

Nicht bei allen **Exilanten** stoßen Kästner und die anderen in Deutschland gebliebenen Intellektuellen auf Verständnis. Tucholsky zum Beispiel verachtet alle, die »das da« mitmachen. Viele der ›Weltbühne‹-Freunde wird Kästner nicht wiedersehen. Edith Jacobsohn stirbt in England, Joseph Roth in Paris. Kurt Tucholsky nimmt sich im Dezember 1935 in Schweden das Leben. Erich Mühsam wird 1934 im Konzentrationslager Oranienburg ermordet, Carl von Ossietzky stirbt 1938 an den Folgen der Mißhandlungen im Konzentrationslager Esterwegen.

möglich. Es ist zu Recht darauf hingewiesen worden, daß Kästner sich keineswegs erst nach 1933 vom politischen zum unpolitischen Autor gewandelt hat. Er bleibt so moralisch und unpolitisch wie er es immer war und immer sein wird. Er hat sich in der Weimarer Republik nicht von linker Seite vereinnahmen lassen, und er verweigert sich jetzt der rechten Ideologie. Zwischen seinem Wertesystem und dem der Nationalsozialisten gibt es keinen Berührungspunkt. 1933 verstummt Kästner als Satiriker, Melancholiker, Aufklärer und Pazifist. Seine Haltung beschreibt ein Gedicht aus der ›Lyrischen Hausapotheke‹ von 1936, das als »Anhang« besonders auffällig plaziert ist. In ›Der Blinde an der Mauer‹ heißt es unter anderem: »Wer nichts sieht, wird nicht gesehen. / Wer nichts sieht, ist unsichtbar.« Der scharfsichtige Beobachter der Weimarer Republik verbringt die zwölf Jahre des Dritten Reiches mit geschlossenen Augen.

Kästner hält stur an seinen üblichen Lebens- und Arbeitsgewohnheiten fest. Journalistisch kann er allerdings nicht mehr tätig sein. Die Zeitungen, für die er geschrieben hat, sind »gleichgeschaltet« oder verboten. Also besinnt er sich auf die unverfänglicheren seiner vielen Talente. Pünktlich wie in den Vorjahren wird Anfang Dezember 1933 wieder ein neues Kinderbuch von ihm ausgeliefert. 17 Exemplare des ›Fliegenden Klassenzimmers‹ zählt Kästner allein in einem Schaufenster einer Berliner Buchhandlung. Doch so ungefährdet, wie es scheint, ist seine Zukunft als Schriftsteller nicht. In Deutschland darf nur noch publizieren, wer Mitglied in der Reichsschrifttumskammer ist und sich schriftlich verpflichtet, dem nationalsozialistischen Staat zu dienen. Bis zum 15. Dezember 1933 sollen die Prüfungs- und Aufnahmeverfahren abgeschlossen sein. Am 1. Dezember

---

Schritte kommen, Schritte gehen.
Was das wohl für Menschen sind?
Warum bleibt denn niemand stehen?
Ich bin blind, und ihr seid blind.

Euer Herz schickt keine Grüße
aus der Seele ins Gesicht.
Hörte ich nicht eure Füße,
dächte ich, es gibt euch nicht.

Tretet näher! Laßt euch nieder,
bis ihr ahnt, was Blindheit ist.
Senkt den Kopf, und senkt die Lider,
bis ihr, was euch fremd war, wißt.

Und nun geht! Ihr habt ja Eile!
Tut, als wäre nichts geschehn.
Aber merkt euch diese Zeile:
Wer nichts sieht, wird nicht gesehn.
Aus ›Der Blinde an der Mauer‹, 1931

> Gegen Dekadenz und moralischen Zerfall! Für Zucht und Sitte in Familie und Staat! Ich übergebe den Flammen die Schriften von Heinrich Mann, Ernst Glaeser und Erich Kästner!
>
> *Propagandaminister Joseph Goebbels, 10. Mai 1933*

schreibt er nach Dresden: »Viertens muß ich Montag den Reichsverband anrufen, wo mir Hans Richter, der 2. Vorsitzende, einen vorläufigen Bescheid privater Natur geben will, ob sie mich aufnehmen werden oder nicht. Die Fragebogen hab ich schon unterschrieben. Leute, die Mitglied der Liga für Menschenrechte waren, sind wohl eigentlich nicht statthaft. Na, wir werden ja sehen, wie der Hase läuft.« Die Entscheidung über seinen Antrag wird um ein Jahr verschoben.

Mit Lachen und Träumen, glaubt Kästner, lasse sich die wenig heitere Realität leichter ertragen. Und so schreibt er während seiner Bewährungsfrist ein Märchen für Erwachsene, das man ›Fabian im Glück‹ nennen könnte, trüge es nicht den Titel ›Drei Männer im Schnee‹. Wer ›Fabian‹ kennt, trifft hier lauter alte Bekannte. Zwar heißt der junge Held jetzt Fritz Hagedorn, doch er ist noch immer der promovierte, arbeitslose Werbefachmann aus dem Kleinbürgermilieu mit der »idealen Mutter«. Bei einem Preisausschreiben der Putzblank-Werke gewinnt er den ersten Preis: einen Aufenthalt in einem Grandhotel im Gebirge. Dort verwöhnt und umgarnt man ihn, weil man ihn irrtümlich für einen inkognito reisenden Millionär hält. Eigentlich sollen diese Aufmerksamkeiten dem zweiten Preisträger Eduard Tobler gelten, einem eigenwilligen Multimillionär, der in einer unscheinbaren Villa wohnt und deftige Eintöpfe liebt. Er hat sich unter falschem Namen an dem Wettbewerb seines eigenen Unternehmens beteiligt und beschlossen, im Hotel als »armer Teufel« Eduard Schulze aufzutreten, weil er wissen möchte, wie »die Menschen in Wirklichkeit sind«. Es kommt in diesem Spiel um

> [Von den Dichtern der Weimarer Zeit] ist aber Erich Kästner der Weimarischste, ein Mann der kleinen, unbehaglich engen Mitte, die vergeblich versuchte, das schwankende Schiff zu stabilisieren. ... Wie der kleine Mann der Weimarer Republik hatte Kästner die Nase voll von dem, was er sah und am eigenen Leib spürte ... Wie der kleine Mann der Weimarer Republik ist er sang- und klanglos verstummt, als Hitler die Sache übernahm.
>
> *Egon Schwarz, 1970*

Sein und Schein wie erwartet: Er wird von den Hotelangestellten und den anderen Gästen mißachtet und schikaniert. Nur Hagedorn begegnet ihm ohne Vorurteile, und nach wenigen Tagen verbindet beide eine tiefe Männerfreundschaft. Als schließlich Toblers Tochter Hildegard ebenfalls unter falschem Namen im Hotel auftaucht, verliebt sich Hagedorn auf den ersten Blick in das vermeintlich mittellose Mädchen. Nach mancherlei Irrungen und Wirrungen kommt es zum glücklichen Schluß: Fritz und Hildegard werden ein Paar ...

Die »Schneemänner« sind ein gleichermaßen typisches wie untypisches Kästner-Buch. Man erkennt den ironischen Stil des Autors an den pointierten Dialogen voller Sprachwitz und Lakonie und seinen Moralkodex an den zentralen Themen Freundschaft, Hilfsbereitschaft und Wahrhaftigkeit. Dagegen fehlen nihilistische und melancholische Motive diesmal fast völlig, alle Probleme werden glücklich gelöst, und die zeitkritischen Bezüge seiner früheren Prosa und Lyrik sucht man vergeblich. Diese Merkmale charakterisieren auch alle weiteren Werke, die Kästner bis 1945 verfaßt. Als Unterhaltungsautor möchte er die Zeit der nationalsozialistischen Herrschaft überstehen. Gemeinsam mit seinem Verleger bemüht er sich intensiv darum, daß ›Drei Männer im Schnee‹ in Deutschland erscheinen kann. Die Verlagsanstalt wirbt im Börsenblatt des deutschen Buchhandels mit dem verwandelten Autor: »Nach seiner Sturm-und-Drang-Periode entwickelt sich

69 Umschlagillustration zu ›Drei Männer im Schnee‹, 1934

70 Der »verbrannte« Autor, 1934

> Ich war vorgestern mit Dr. Pagel von der Verlags-Anstalt beim Geschäftsführer der Reichsschrifttumskammer zum Tee. Wir haben uns ganz nett unterhalten. Er will noch einmal versuchen, ob in meiner Sache etwas zu machen ist.
> *An die Mutter, 22. Oktober 1934*

Kästner immer mehr zum Humoristen großen Stils.« Mancher Emigrant sieht darin ein sicheres Indiz, daß Kästner mit dem Regime paktiert: »Dann ist ja alles in Ordnung, gerade so was braucht man im Dritten Reich«, kommentiert Klaus Mann die Anzeige im Herbst 1934 im ›Neuen Tage-Buch‹ in Paris. Im Propagandaministerium hat man die Werbekampagne gleichfalls zur Kenntnis genommen und mit einem Publikationsverbot für Deutschland beantwortet. Der Verlag darf die Rechte jedoch ins Ausland verkaufen. Und so erscheint ›Drei Männer im Schnee‹ im Spätherbst 1934 in Zürich. Daß das Buch kurz darauf die Auslagen deutscher Buchhandlungen ziert, gefällt dem Ministerium allerdings nicht. Doch bleibt es bis Anfang 1936 möglich, über deutsche Buchhandlungen Kästners in der Schweiz erschienene Bücher zu beziehen. International ist der Roman recht erfolgreich. Bereits im ersten Jahr werden die Übersetzungsrechte an neun Länder vergeben.

Kästner bemüht sich, weiterhin optimistisch und gelassen zu erscheinen, vor allem in den Briefen an die Mutter. Er verkehrt weiter im Café Leon und in den kleinen Nachtbars rund um den Kurfürstendamm, geht ins Theater, Kabarett und Kino, pflegt Liebesverhältnisse mit Schauspielerinnen, fährt regelmäßig in den Winterurlaub und widmet sich mit Begeisterung und Ausdauer seinem neuen Hobby, dem Tennisspiel. In seiner Wohngegend fällt es leichter als an jeder anderen Stelle des Reiches, die politische Situation auszublenden. Hier, wo viele ausländische Journalisten und Diplomaten verkehren, möchte der totalitäre Staat liberal und weltläufig wirken. Vieles,

Klaus Mann (1906–1949), der Sohn Thomas Manns, lebt seit 1925 als Theaterkritiker in Berlin. Er gründet dort mit seiner Schwester Erika und deren Ehemann Gustav Gründgens ein Theaterensemble. 1933 emigriert Klaus Mann nach Paris und Amsterdam. In seinem 1936 geschriebenen Roman ›Mephisto‹ setzt er sich kritisch mit Gründgens' Karriere im nationalsozialistischen Deutschland auseinander.

was offiziell als »dekadent« oder »entartet« gilt, ist zumindest in Berlin noch erlaubt. In den Tanzcafés und Vergnügungspalästen spielen die besten Kapellen Jazz und Swing, man trinkt Coca-Cola, die Kinos zeigen amerikanische Filme, und selbst politische Kabaretts wie das »Tingel-Tangel« oder Werner Fincks »Katakombe« existieren zumindest bis 1935, wenngleich sie kontrolliert werden. Unter dem fadenscheinigen Pseudonym Emil Fabian kann Kästner hier noch einige Texte unterbringen. Das mehr literarisch und artistisch orientierte »Kabarett der Komiker« bleibt bis in den Krieg hinein geöffnet. Im Café Leon finden bis 1937 zahlreiche Veranstaltungen des jüdischen Kulturbundes statt. Und doch: Die Künstler- und Intellektuellenzirkel schrumpfen beständig, immer öfter meiden Bekannte oder Freunde Kästners Stammtisch im Café, immer häufiger kreisen die Diskussionen um die Frage: Gehen oder bleiben? »Hier trägt sich fast alles mit dem Gedanken, sehr bald ins Ausland zu gehen. ... Na, ich finde, man muß es eben doch versuchen, zu bleiben«, schreibt Kästner im Oktober 1934. Nur selten verliert er die Selbstbeherrschung: »Zu dumm, wie schwer das alles geworden ist, was? Manchmal könnte man gleich den Bleistift in die Ecke knallen und die Arbeit abbrechen. Na, ich wurstle dann doch immer wieder weiter. Ist ja klar ...«

Das Ergebnis des »Weiterwurstelns« sind unter anderem zwei weitere »zensurgerechte Märchen« für Erwachsene – so nennt Hermann Kesten sie – und ein Roman für Kinder. Ab 1935 gibt der Atrium-Verlag, den Kurt L. Maschler als Ableger des Verlags Williams & Co. in Basel gegründet hat, Kästners Werke heraus. Zuerst erscheinen dort 1935 ›Emil und die drei Zwillinge‹ und 1936 ›Die verschwundene Miniatur oder auch Die Abenteuer eines empfindsamen Fleischermeisters‹. Oskar Külz verläßt nach 30 pflichterfüllten Jahren kurzerhand Ehefrau und Geschäft, um in Kopenhagen etwas Lebensgenuß nachzuholen.

Die Nationalsozialisten haben ihre **Literaturpolitik** nicht so konsequent betrieben, wie es die Bücherverbrennungen und Verbotslisten vermuten lassen. Werke von verfemten Autoren wie Franz Kafka und Thomas Mann beispielsweise werden noch 1935 und 1936 in Deutschland verkauft. Die Schwarzen Listen sind nur für öffentliche Bibliotheken verbindlich. Ein »gemäßigter Pluralismus [blieb] als konstitutives Element der nationalsozialistischen Kulturpolitik bis zum Ende des Regimes erhalten.« Zu diesem Schluß kommt Hans Dieter Schäfer aufgrund überzeugender Belege in seiner Studie: ›Das gespaltene Bewußtsein‹ (1981).

Dabei gerät er in eine turbulente Kriminal- und Liebesgeschichte mit wilden Verfolgungsjagden nach einer wertvollen Miniatur. Mehr als eine unterhaltsame Lektüre will auch das kleine Buch ›Georg und die Zwischenfälle‹ von 1938 nicht sein, das seit der zweiten Auflage den Titel ›Der kleine Grenzverkehr‹ trägt. Das fingierte Tagebuch des Privatgelehrten Georg Rentmeister gleicht Mozartschen Opernlibretti. Die amüsanten Schilderungen der Festspielatmosphäre und das romantische »Operetten-Happy-End« sind als Verkaufserfolg für die Salzburger Festspiele berechnet. So zumindest planen Erich Kästner und der 1936 nach London emigrierte Walter Trier ihr neues Buchprojekt, als sie sich 1937 in Salzburg treffen. Doch die Politik vereitelt ihr Vorhaben, denn nachdem im März 1938 deutsche Truppen in Österreich einmarschiert sind, gilt Kästners Publikationsverbot auch dort.

Bereits 1936 ist als sein einziger Gedichtband während der Zeit des Nationalsozialismus ›Doktor Erich Kästners lyrische Hausapotheke‹ erschienen. Er enthält ausschließlich bereits veröffentlichte Gedichte. Kästner hat nur solche ausgewählt, die private Gefühle thematisieren: »Es war seit jeher mein Bestreben, seelisch verwendbare Strophen zu schreiben«, heißt es erklärend im Vorwort. Es sei ein »der Therapie dienendes Taschenbuch. Ein Nachschlagewerk, das der Behandlung des durchschnittlichen Innenlebens gewidmet ist.« Doch auch dieser Versuch, die Machthaber von seiner unpolitischen Haltung zu überzeugen, führt nicht zur erhofften Aufnahme in die Reichsschrifttumskammer. Dabei werden seine Unterhaltungs- und Kinderbücher in einem Gutachten von 1937

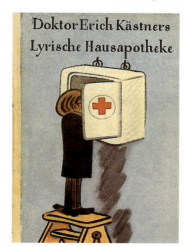

71 Schutzumschlag von Walter Trier zu ›Doktor Erich Kästners lyrische Hausapotheke‹, Ausgabe von 1946

durchaus positiv bewertet: »Wenn er diese andere, bessere Seite einzig und allein pflegen wollte, so sollte uns Kästner als deutscher Schriftsteller sehr willkommen sein«, befindet der Zensor etwa über ›Drei Männer im Schnee‹, und die ›Miniatur‹ sei ebenfalls »nicht zu beanstanden«. Doch bleiben die Titel seiner Werke weiterhin auf den inoffiziell kursierenden Listen »schädlichen und unerwünschten Schrifttums«.

Nachdem das große Propagandaspektakel der deutschen Sommerolympiade im August 1936 zu Ende ist, wird auch in der Hauptstadt die Stimmung allmählich kälter und trostloser. Der Exodus der Künstler, Wissenschaftler, Ärzte, Juristen, Journalisten, Schriftsteller und Schauspieler erreicht seinen traurigen Höhepunkt nach dem Pogrom gegen die jüdische Bevölkerung vom 9. November 1938. Neun Monate später, am 1. September 1939, dringen deutsche Truppen widerrechtlich in Polen ein. Der Zweite Weltkrieg beginnt. Das Deutsche Reich wird auch wirtschaftlich isoliert. Es gibt keine Möglichkeit mehr, Bücher im Ausland zu veröffentlichen. Kästner arbeitet scheinbar unbeeindruckt weiter. Er wendet sich jetzt stärker dem Theater zu. Schon 1933 waren in Deutschland und Österreich die Namen neuer Bühnenautoren aufgetaucht, deren Komödien man gern und mit viel Erfolg gespielt hat. Einer von ihnen ist der im Vorwort zu ›Drei Männer im Schnee‹ erwähnte Robert Neuner, der aus demselben Stoff ein heiteres Stück mit dem Titel ›Das lebenslängliche Kind‹ gestaltet. Es wird von zahlreichen Bühnen angenommen und hat Premiere, noch bevor das Buch erscheint. Doch als ein Journalist öffentlich macht, was eingeweihte Kreise längst wissen: daß nämlich Robert Neuner niemand anderer ist als Erich Kästner, setzen die Theater das Stück trotz voller Häuser schnellstens ab. Vielleicht spielen sie statt dessen eines der ebenfalls sehr beliebten Boulevardstücke von Eberhard Foerster. Von ihm erscheinen bis 1940 vier Lustspiele: ›Frau nach

> Es liegt die Fortsetzung von ›Emil und die Detektive‹ vor. Fast ebenso witzig wie das erste Buch, und größtenteils auch wundervoll in der Kameradschaft liebenswerter Flegelknaben. Das vorliegende Buch erreicht fast den Wert des ersten, wenngleich natürlich manche Wiederholung nicht ganz zu vermeiden ist. Kästner könnte, wenn er diesen Stil weiter pflegte, etwas Ähnliches wie ein Mark Twain in deutscher Sprache werden.
> *Aus einem Gutachten des Präsidenten der Reichsschrifttumskammer über ›Emil und die drei Zwillinge‹, 21. Juni 1937*

72 Pogrom gegen die jüdische Bevölkerung Deutschlands in der Nacht vom 9. zum 10. November 1938

Maß‹, ›Verwandte sind auch Menschen‹, ›Seine Majestät Gustav Krause‹ und ›Das goldene Dach‹. Wieder gibt es neugierige Zeitgenossen, die herausfinden, daß auch der Name Foerster ein Pseudonym ist. Doch der Bühnen- und Filmautor Eberhard Keindorff gibt es als seines aus und deckt damit seinen Freund Erich Kästner. Es sind Arbeiten zum Geldverdienen, zum beruflichen, vielleicht aber auch zum psychischen Überleben. Versuche, sich abzulenken von bitteren Gedanken, die sich Ende der dreißiger Jahre besonders schwer verdrängen lassen: Wollte er mit 40 Jahren nicht ein anerkannter, allseits beliebter Schriftsteller sein? Und hat er sich nicht vor zehn Jahren sehr berechtigte Hoffnungen machen können, dieses Ziel zu erreichen? Und jetzt zweifelt er, ob ihn überhaupt noch je-

In jener Nacht [9. zum 10. November] fuhr ich, im Taxi auf dem Heimweg, den Tauentzien und den Kurfürstendamm entlang. Auf beiden Straßenseiten standen Männer und schlugen mit Eisenstangen Schaufenster ein. Überall krachte und splitterte Glas. Es waren SS-Leute, in schwarzen Breeches und hohen Stiefeln, aber in Ziviljacken und mit Hüten. Sie gingen gelassen und systematisch zu Werke.

Aus ›Notabene 45‹, 1961

mand kennt. Kästner kann nicht wissen, daß ein handgeschriebenes Exemplar seiner ›Hausapotheke‹ im Warschauer Ghetto kursiert, daß manche seiner Gedichtbände mit in den Krieg ziehen, daß einzelne Gedichte abgeschrieben und unter den Soldaten ausgetauscht werden, daß in zahlreichen privaten Bibliotheken noch Bücher von ihm stehen.

Er ist sich selbst fremd geworden, versinkt in Einsamkeit. Das Gefühl verstärkt sich noch durch den plötzlichen Tod seiner Freundin Herti Kirchner. Die Schauspielerin, mit der Kästner seit 1935 zusammen ist, stirbt 1939 im Alter von gerade 26 Jahren bei einem Autounfall. Am Abend des 12. Januar 1940 sitzt er allein in einer Bar, trinkt eine Flasche Sekt und schreibt sich in seiner Verzweiflung selbst einen Brief: »Ich kenne Ihren Stolz, der Zutrauen für Vertraulichkeit hält. Ich weiß um Ihr empfindsames Gemüt, das Sie, in jahrzehntelangem Fleiß, mit einer Haut aus Härte und Kälte überzogen haben ... Sie haben Freunde und Feinde in Fülle und sind, dessen ungeachtet, allein wie der erste Mensch!« Und in seiner Antwort ermahnt er sich am nächsten Tag: »Man hat die verdammte Pflicht, sich nicht gehen zu lassen.« In einem zweiten Brief hadert er mit seinem moralischen Ideal, die Menschen mit seiner Literatur bessern zu wollen: »Es ist eine Anmaßung, die Welt, und eine Zumutung, die Menschen veredeln zu wollen. ... Mache kehrt, und wende Dich Dir selber zu!« 1942 erscheint in ausländischen Zeitungen ein anonymer Nachruf auf Kästner, der sich liest, als habe ihn der angeblich Verstorbene dem Journalisten selbst in die Feder diktiert. Auf jeden Fall entspricht die Meldung seinem damaligen Empfinden recht genau. Wie ein »lebender Leichnam« habe er sich damals gefühlt, bekennt er nach 1945.

Doch Kästner gibt sich nicht auf. Er konzentriert sich aufs Drehbuchschreiben. Seine Kinderbücher und Romane sind den

---

In seinen literarischen Werken hat Kästner die Distanz zur Welt mehrfach im Bild von der **gläsernen Wand** ausgedrückt. Irene Moll äußert gegenüber Fabian: »Aber du hast Angst, das Glas zwischen dir und den anderen könnte zerbrechen. Du hältst die Welt für eine Schaufensterauslage.« In dem Romanfragment ›Der Zauberlehrling‹ sagt Baron Lamotte zur Hauptfigur Mintzlaff: »Sie errichteten zwischen sich und dem Leben eine chinesische Mauer aus unzerbrechlichem Glas und beschlossen ein Charakter zu werden. Als ob die Welt ein Schaufenster wäre.«

ERICH KÄSTNER GESTORBEN

Als ein Daheimgebliebener, der den Regierern seines Landes gewiß keine Konzession gemacht hat, ist in Berlin kurz vor seinem 43. Geburtstag, der Dichter Erich Kästner gestorben.

73 Der anonyme Nachruf auf Kästner erscheint 1942 in ausländischen Zeitungen

Produzenten als Filmstoffe stets willkommen gewesen. Für ›Drei Männer im Schnee‹ und ›Die verschwundene Miniatur‹ interessiert sich sogar Hollywood. Metro-Goldwyn-Mayer sichert sich bald nach dem Erscheinen die Rechte, und 1938 findet in den USA die Premiere von ›Paradise for Three‹ statt. In Deutschland zerschlagen sich derweil verschiedene Projekte, weil Kästner die Erlaubnis verweigert wird. Doch hat er vermutlich an den Drehbüchern zu den Filmen nach seinen Eberhard-Foerster-Stücken mitgearbeitet, die zwischen 1939 und 1942 entstehen. Bekannt wird vor allem ›Frau nach Maß‹ von 1940, bei dem der damals am Anfang seiner Karriere stehende Helmut Käutner Regie führt.

Und plötzlich ist alles anders. Mit Kenntnis des Propagandaministers und der – allerdings nur mündlichen – Zusage des Reichsfilmdramaturgen Fritz Hippler darf Erich Kästner offiziell als Drehbuchautor für die Ufa tätig sein, wenngleich er weiterhin ein Pseudonym verwenden muß. Wem er diese Entscheidung verdankt, wird nie geklärt. Seit 1939 ist die Ufa immer mehr zu einer kriegswichtigen Produktionsstätte geworden. Je schrecklicher und deprimierender die Nachrichten von den Kriegsfronten werden, desto mehr will man die Bevölkerung durch Amüsement ablenken. 73 zum größten Teil unterhaltsame Filme dreht die Ufa allein 1943. Und die Zuschauer strömen in die Kinos, um für 90 Minuten dem lebensbedrohli-

74 Die Schauspielerin Herti Kirchner (1913–1939)

›Frau nach Maß‹, eine Verwechslungskomödie, wird im Oktober 1934 uraufgeführt. Kästner berichtet über seine Arbeit an dem Lustspiel bereits ab Oktober 1933 mehrfach in den Briefen an die Mutter. Er nennt es kaschierend »Karlinchens Stück«. »Karlinchen« ist der Kosename seiner damaligen Freundin Cara Gyl.

chen und entbehrungsreichen Alltag zu entfliehen. Da die Ufa auf ihre Weise zum »Endsieg« beitragen soll, haben die Mitarbeiter hier größere Handlungsspielräume als in anderen Institutionen. Einer, der die hier gewährten Freiheiten mutig bis zum äußersten ausreizt, ist der Herstellungsleiter Eberhard Schmidt, einer der besten Freunde, die Kästner zu dieser Zeit noch hat. Schmidt bereitet 1941 den Jubiläumsfilm zum fünfundzwanzigjährigen Bestehen der Ufa vor, der nach dem Willen der nationalsozialistischen Führungsspitze Hollywood das Staunen lehren soll. Um den Erfolg dieses Prestigeprojekts zu garantieren, sind die Machthaber sogar bereit, es mit der Gesinnung und der parteipolitischen Zuverlässigkeit der Beteiligten nicht allzu genau zu nehmen. Das gilt für den Regisseur Josef von Baky ebenso wie für den Hauptdarsteller Hans Albers und insbesondere für den Drehbuchautor Berthold Bürger alias Erich Kästner. Mit großem Elan beteiligt er sich mit an diesem Film, der das Ausland von der künstlerischen Leistungsfähigkeit des faschistischen Deutschlands überzeugen soll. Der von ihm vorgeschlagene Münchhausen-Stoff wird sofort akzeptiert. Daß sich zwischen dem größten Lügner der Literaturgeschichte und den Propagandamethoden der Herrschenden möglicherweise Parallelen erkennen lassen, sehen die politisch Verantwortlichen offenbar nicht. Auf der Grundlage von Gottfried August Bürgers Schwanksammlung entwickelt Kästner ein Drehbuch, das der Filmhistoriker Ingo Tornow für sein bedeutendstes hält: Im ›Münchhausen‹ spiele Kästner »geistreich mit allen Klischees der europäischen Geschichte und ironisiert sie durch Übertreibung«. Kästner kombiniert spektakuläre Abenteuer mit amourösen Affären und leisen, manchmal zum Nachdenken anregenden Situationen. Dem Weltbild der Nationalsozialisten erweist er auch diesmal keine Reverenz. Er erlaubt sich sogar einige doppeldeutige Dialoge

Gottfried August Bürger (1747–1794) verfaßt die Sammlung phantastischer Lügengeschichten, die zuerst 1786 erscheint: ›Wunderbare Reisen zu Wasser und Lande, Feldzüge und lustige Abentheuer des Freyherrn von Münchhausen, wie er dieselben bey der Flasche im Cirkel seiner Freunde selbst zu erzählen pflegt‹.

Hans Albers (1891–1960) zieht in den zwanziger Jahren nach Berlin. Bereits ab 1918 spielt er in fast 100 Stummfilmen kleine Nebenrollen. Seine erste Hauptrolle übernimmt er in einem der ersten Tonfilme: ›Die Nacht gehört uns‹ von 1929. ›Die Große Freiheit Nr. 7‹ von 1944 ist einer seiner größten Erfolge.

über die Zeit und das Wesen der Diktatur. Im Oktober 1941 legt er das Drehbuch vor, und am 29. November kann er nach Dresden melden: »Gestern spät am Abend rief mich die Ufa an, daß G[oebbels] den Film genehmigt habe. Sie freuen sich alle drauf, weil's mal wieder was Besonderes ist.« ›Münchhausen‹ wird eine Produktion der Superlative. In dem mit 6,5 Millionen Mark teuersten Unterhaltungsfilm des Dritten Reichs werden modernste Farb- und Tricktechniken eingesetzt. Es gibt üppige Hof- und Volksszenen, prachtvolle Kostüme und aufwendige Kulissen. Auf der langen Besetzungsliste stehen bis hinab zu den Nebenrollen Namen von Stars.

75 Hans Albers in der Rolle des ›Münchhausen‹ beim legendären Ritt auf der Kanonenkugel

Während 1942 in Babelsberg unter Hochdruck am ›Münchhausen‹ gearbeitet wird, ist Kästner bereits anderweitig beschäftigt. Er schreibt das von einem anderen Autor verfaßte Drehbuch zu dem Film ›Ich vertraue dir meine Frau an‹ mit Heinz Rühmann um und beginnt mit den Dialogen zu ›Georg und die Zwischenfälle‹. Der Film wird im Herbst in Salzburg unter dem Titel ›Der kleine Grenzverkehr‹ produziert. Zwi-

> Christian ...: »Ja hab ich denn ein geschlagenes Vierteljahr geschlafen?«
> Münchhausen schaut auf seine Uhr und antwortet ruhig: »Nein, höchstens zwei Stunden.«
> Kuchenreutter schüttelt den sehr grauen, etwas kahlgewordenen Kopf und meint ratlos: »Entweder ist Ihre Uhr kaputt, Herr Baron, oder ...«
> Der Baron fragt: »Oder?«
> Christian sagt stirnrunzelnd: »Oder die Zeit selber.«
> Münchhausen erwidert ernst: »Die Zeit ist kaputt, Christian. – Als wir auf dem Mond landeten, war es Morgen, und die Kirschen blühten. Als die Sonne im Mittag stand, welkten die Blüten. Jetzt ist Vesperzeit, und die Kirschen sind reif.«   *Szene »Der Mond« aus dem ›Münchhausen‹-*
> *Drehbuch, aus dem Gespräch zwischen Münchhausen*
> *und seinem Begleiter Christian Kuchenreutter*

76 Willy Fritsch und Hertha Feiler in ›Der kleine Grenzverkehr‹, 1943

schendurch fliegt er mit offizieller Erlaubnis nach Zürich, um ein weiteres Projekt vorzubereiten. Nebenher entwickelt er noch ein Film-Treatment, in dem er das Thema seines späteren Kinderromans ›Das doppelte Lottchen‹ gestaltet. Es bereitet ihm große Genugtuung, endlich wieder gebraucht zu werden, und er hofft wieder einmal auf eine »offizielle Mitgliedsnummer«, denn der Propagandaminster persönlich fordert Kästners Bücher zur Prüfung an. Und dann ist es wieder vorbei. Ebenso überraschend, wie die Arbeitserlaubnis zustande kam, wird nun erneut das Schreibverbot ausgesprochen. Am 14. Januar 1943 teilt ihm der Präsident der Reichsschrifttumskammer mit: »Auf Grund einer neuerlichen Entscheidung der Reichskulturkammer wird die Ihnen unter dem 25.7.1942 erteilte Sondergenehmigung widerrufen. Sie sind somit nicht mehr berechtigt, im Zuständigkeitsbereich der Reichsschrifttumskammer als Schriftsteller tätig zu sein.«

Zwei Tage später fallen nach mehr als einjähriger Pause wieder Bomben auf Berlin. Nach entsetzlichen Verlusten kapituliert vor Stalingrad die 6. Armee. Am 18. Februar 1943 ruft Goebbels im Berliner Sportpalast zum »Totalen Krieg« auf. Das Dritte Reich steuert unaufhaltsam in die Katastrophe. Am 3. März 1943, vier Wochen nach der militärischen Niederlage in Rußland, finden in Berlin ein pompöser Festakt und

77 Festakt zum fünfundzwanzigjährigen Bestehen der Ufa am 3. März 1943 im Ufa-Palast am Zoo

die glanzvolle Premiere des ›Münchhausen‹-Films statt. Ein Drehbuchautor wird im Vorspann nicht erwähnt. Als Kästner davon hört, ist er so wütend und empört wie noch nie in seinem Leben. Seine Freunde können ihn nur mit Mühe davon abbringen, juristische Schritte zu unternehmen, um die Erwähnung seines Pseudonyms zu erzwingen.

Kästner schreibt weiter – zwei Jahre lang ausschließlich für die Schublade. Dort liegen bereits zwei unabgeschlossene Manuskripte, in denen er sich nochmals mit dem ›Fabian‹-Thema auseinandersetzt. Aber weder in ›Die Doppelgänger‹ von 1933 noch in ›Der Zauberlehrling‹ von 1936 ist es ihm gelungen, das Motiv des weltabgewandten Protagonisten, der sich verzweifelt bemüht, dem als sinnlos empfundenen Leben einen Sinn abzutrotzen, überzeugend zu gestalten. 1943 und 1944 arbeitet er dann an dem historischen Lustspiel ›Chauvelin oder Lang lebe der König!‹, eine Parabel aus der Zeit Ludwigs XV., und an ›Das Haus Erinnerung‹, in dem Teilnehmer eines Klassentreffens über die Vergangenheit sinnieren. Von beiden Stücken veröffentlicht Kästner nach dem Krieg jeweils den ersten Akt. Zum Abschluß bringt er 1943 das Konversationsstück ›Zu treuen Händen‹. Es erscheint 1948 unter dem Pseudonym Melchior Kurtz und wird im selben Jahr unter der Regie von Gustav Gründgens in Düsseldorf uraufgeführt. Am Beispiel eines älteren unverheirateten Bühnenautors und seines Neffen, der frühzeitig eine Familie gründet, werden generationsspezifische Unterschiede in der Sexual- und Ehemoral thematisiert.

Spätestens ab November 1943 läßt sich der Weg in den Untergang auch in Berlin nicht mehr leugnen. Nach schweren Bombenangriffen brennen ganze Stadtteile nieder. Am 15. Januar 1944 wird Kästners Wohnung getroffen. Er reagiert mit Galgenhumor: »Ein paar Kanister ›via airmail‹ eingeführten Phosphors aufs Dach, und es ging wie das Brezelbacken. Ge-

---

»Sie haben die letzten zehn Jahre Ihres bisherigen Lebens sorgfältig darauf verwendet, Ihr wahres Wesen zugrunde zu richten.« Die Stimme des Barons klang ernst. »Ihre Energie ist bewundernswert. Sie wollten sich erziehen. Und Sie haben sich erzogen! Sie waren einmal ein empfindsamer Mensch und konnten lieben. Wenn anderen Leid widerfuhr, litten Sie mit ihnen. Sie halfen ... Sie hatten keine Angst, sich selbst zu verlieren. Damals hatten Sie noch Gefühl im Leibe und spürten, daß man nicht ärmer wird, wenn man sich verschenkt.« *Aus ›Der Zauberlehrling‹, 1936*

78 Berlin im Feuersturm nach einem Bombenangriff

schwindigkeit ist keine Hexerei. Dreitausend Bücher, acht Anzüge, einige Manuskripte, sämtliche Möbel, zwei Schreibmaschinen, Erinnerungen in jeder Größe und mancher Haarfarbe, die Koffer, die Hüte, die Leitzordner, die knochenharte Dauerwurst in der Speisekammer, die Zahnbürste, die Chrysanthemen in der Vase«. Kästner zieht in die Sybelstraße zu Luiselotte Enderle. Die Journalistin aus Leipzig ist 1937 nach Berlin gezogen und arbeitet als Dramaturgin bei der Ufa.

Je näher der Zusammenbruch des Reichs rückt, desto willkürlicher werden Menschen verhaftet und verurteilt. Kästners alten Freunden Erich Knauf und Erich Ohser wird eine Denunziation zum Verhängnis. Beide haben auf ihre Weise versucht, das Dritte Reich zu überstehen. Knauf ist nach einer Zeit im Konzentrationslager und verschiedenen Zwischenstationen zum Dichter von »Heimatliedern« geworden. Ohser wird mit den hintersinnigen Bildergeschichten über ›Vater und Sohn‹ ungemein populär. Sie erscheinen ab 1934 unter dem Pseudonym e. o. plauen in der ›Berliner Illustrierten‹. Im März 1944 werden Ohser und Knauf wegen »defätistischer

> Berlin, 14. Februar 1945
> Gestern abend und in der Nacht schwere Luftangriffe auf Dresden! Die Telefonverbindungen sind unterbrochen. Sogar Reisesperre wurde verhängt. Wann werde ich erfahren, wie es den Eltern geht? Die Situation ist teuflisch. Sie wird geradezu unerträglich, wenn man während eines solchen Angriffs, hundertachtzig Kilometer davon entfernt, selber im Keller sitzt. Man verfolgt die trockne Rundfunkdurchsage, studiert dabei den abgegriffenen Koordinatenplan, den die Berliner die »Quadrat-Else« nennen, und merkt immer deutlicher, immer unmißverständlicher, daß sich die »Bomberströme« dem Planquadrat »Martha Heinrich« stetig nähern und dann über diesem »Raume kurven«. Dieser Raum, dieses Quadrat unter vielen, dieses alberne Doppel- und Koppelwort »Martha Heinrich«, das ist die Heimat, das sind die Eltern! *Aus ›Notabene 45‹, 1961*

Äußerungen im Luftschutzkeller« angeklagt. Ohser kommt dem Todesurteil durch Selbstmord zuvor, Knauf wird am 3. Mai 1944 hingerichtet.

Erich Kästner steht die schlimmsten Ängste seit 1933 in den zehn Tagen aus, die er nach der Zerstörung Dresdens am 13. Februar 1945 ohne Nachricht von den Eltern ist. Am 23. Februar, seinem sechsundvierzigsten Geburtstag, bringt der Postbote dann als schönstes Geschenk: »Zwei Briefe und zwei Postkarten, schmutzig und zerknittert, auf einmal.« Die Eltern sind unverletzt geblieben, ja sie können weiter in den kaum beschädigten Räumen wohnen bleiben. Kästner atmet auf. Doch an kontinuierliches Arbeiten ist nicht mehr zu denken. Häufiger zieht er jetzt sein unauffälliges, blau eingebundenes Tagebuch aus dem Bücherregal, in das er seit 1941 sporadisch Alltagsbeobachtungen in winzigen stenographischen Kürzeln einträgt. Manchmal schreibt er ein paar Zeilen am ›Chauvelin‹ oder macht sich Gedanken über das geplante Stück ›Schule der Diktatoren‹. In wahrer Eulenspiegelmanier streitet er mit dem Kriegsschäden-

79 ›Wie die Jungen zwitschern‹, eine der Bildgeschichten über ›Vater und Sohn‹ von e. o. plauen (links)

80 Erich Ohser mit seinem Sohn (rechts)

amt und der Schrifttumskammer um Schadensersatz für zwei beim Bombenangriff verbrannte Manuskripte.

»Das Dritte Reich bringt sich um. Doch die Leiche heißt Deutschland«, notiert Kästner am 27. Februar 1945 in sein Tagebuch. Berlin wird beinahe pausenlos bombardiert, die Versorgungslage ist kritisch, der Transport- und Nachrichtenverkehr brechen zusammen. Kulturelle Veranstaltungen finden seit Herbst 1944 nicht mehr statt. Treffpunkt der zurückgebliebenen, nicht nationalsozialistischen Künstler und Schriftsteller ist die Jockey-Bar, wo auch Wolfgang Koeppen, Günter Eich und Peter Huchel verkehren, wenn sie in Berlin sind. Hier oder im Bardinet am Kurfürstendamm vertreiben sich auch Kästner und die wenigen Freunde, die noch in der Stadt sind, Werner Buhre, Elfriede Mechnig, Eberhard Keindorff, Eberhard Schmidt und Luiselotte Enderle, die Wartezeit auf das Ende mit Würfeln, Reden, Lachen und Trinken. Irgendwann wird nur noch Malzkaffee ausgeschenkt. Als Anfang März 1945 das Gerücht aufkommt, die SS plane eine »Nacht der langen Messer«, und auch Kästner stehe auf ihrer Liste, fühlt er sich wie »eine Fliege an der Leimtüte«. Eberhard Schmidt erweist sich als Retter in der Not. Die bei der Ufa Beschäftigten arbeiten seit 1943 nach der Parole »Überleben ist alles«. Jetzt haben sie sich einen Film mit dem bezeichnenden Titel ›Das verlorene Gesicht‹ genehmigen lassen, zu dem Außenaufnahmen in Tirol erforderlich sind. Für die Beteiligten hat das Unternehmen nur den einen Zweck, Berlin verlassen zu können. Eine große Gruppe von Filmleuten, zum Teil mit Ehepartnern und Kindern, macht sich Mitte März mit Lastwagen und Ausrüstung auf den Weg nach Mayrhofen. Herstellungsleiter

---

Weil ich, für In- und Ausland, Publikationsverbot hätte, seien die zwei verbrannten Manuskripte, finanziell betrachtet, völlig wertlos. Deshalb sei mir kein gewerblicher Schaden erwachsen. Und deshalb hätte ich keine Ansprüche zu stellen. Ich erklärte, daß ich mich mit dieser Auffassung nicht abfinden könne und nicht abfinden lassen werde. Die Bewertung mit Null entspreche meinetwegen der augenblicklichen Marktlage, die sich aber schon morgen ändern könne. Doch auch das sei nicht entscheidend. Der Kurs meiner Papiere werde zwar zur Zeit an der literarischen Börse nicht notiert. Aber das habe nichts mit ihrem Werte zu tun. Er bestehe fort, auch wenn er vorübergehend ruhe.

Aus ›Notabene 45‹, 1961, Eintrag vom 12. Februar 1945

Schmidt hat Kästner als Drehbuchautor in das Team geschmuggelt und mit den erforderlichen Papieren versorgt. Sie geraten in ein Paradies mit kleinen Fehlern. Käse und Butter gibt es im Überfluß, an Brot herrscht dagegen Mangel. Die bäuerliche Bevölkerung ist über die Invasion der Großstädter nicht begeistert. Die Männer der Gruppe können mit Mühe einer Einberufung zu einem »Standschützenkursus« entgehen. Der Ort wird überschwemmt von Flüchtlingen aus dem Norden und deutschen Soldaten der sich auflösenden Südarmee, die sich von Italien aus zu Fuß auf den Weg in die Heimat begeben haben. Am 5. Mai treffen die ersten Amerikaner in Mayrhofen ein, und drei Tage später ist der Zweite Weltkrieg beendet. Einige Männer im Ort rasieren sich ihre Oberlippenbärtchen ab, die Hitlerbilder verschwinden auf wundersame Weise aus den Wohnzimmern und hinterlassen ein helles Rechteck auf der Tapete, die Fahnentücher werden umgearbeitet und die Hakenkreuze entfernt. Sonst passiert vorerst wenig in Mayrhofen. Das Filmteam sitzt fest. Die Fahrzeuge sind beschlagnahmt, an eine Rückreise ist nicht zu denken. Man vertreibt sich die »Niemandszeit« mit Frühlingsspaziergängen, Blumenpflücken und Abwarten. Soll man überhaupt nach Berlin zurückkehren? Die Lage dort ist unübersichtlich. Kästner ist sich unschlüssig. Sein »Fünferlei«, seine gesamte Habe, hat er bei sich: »einen Handkoffer, einen Rucksack, eine Aktentasche mit Manuskripten, eine Reiseschreibmaschine und einen gerollten Regenschirm«. Eine nicht ganz legale Spritztour amerikanischer Soldaten bringt ihn und zwei Freunde nach Pasing. Von dort fahren sie nach München.

Kriegsende
Am 30. April 1945 begeht Hitler im Bunker der Reichskanzlei in Berlin Selbstmord. Am 8. Mai 1945 unterzeichnet die deutsche Wehrmacht die bedingungslose Kapitulation. Das Gebiet des Deutschen Reiches ist in vier Besatzungszonen aufgeteilt. Die alliierten Siegermächte Großbritannien, die Vereinigten Staaten von Amerika, die Sowjetunion und Frankreich übernehmen die Regierungsgewalt. Die Bilanz des Zweiten Weltkriegs: 62 Millionen Tote.

Aufbruchstimmung in München

»Wir müssen zurückblicken, ohne zu erstarren.«

Für Erich Kästner beginnt die Nachkriegszeit am 20. Juni 1945 in München. Zwischen Ruinen und Schuttbergen kommt es im Hof der unzerstörten Kammerspiele zu bewegenden Szenen. Schriftsteller, Schauspieler, Theater- und Filmleute aus ganz Deutschland begrüßen sich. Zwölf Jahre lang haben sie sich »durchgewurstelt« wie Erich Kästner, sich irgendwo »untergestellt« wie Wolfgang Koeppen oder waren untergetaucht. Jetzt freuen sie sich gemeinsam, überlebt zu haben,

und trauern um die vielen, die gestorben sind. Nachrichten und Gerüchte schwirren durch die Trümmer. Mit großem Enthusiasmus werden Projekte für die Zukunft entworfen. Mittendrin steht Erich Kästner, der in der Tasche der verschlissenen Knickerbokkerhose sein letztes sauberes Taschentuch und an den Füßen geborgte Schuhe trägt. Er trifft hier unter anderem den Schauspieler und Kabarettisten Rudolf Schündler, den Dichter Wolfgang Koeppen, die Drehbuchautoren und Regisseure Arthur Maria Raben-

81 Zerstörtes München mit Frauenkirche. Am 30. April 1945 marschieren amerikanische Truppen in München ein. Nach rund 70 großen Luftangriffen liegen 45 Prozent aller Bauten in Trümmern. 300 000 Menschen sind obdachlos, es fehlen 117 000 Wohnungen.

> Dies ist meine Mütze,
> dies ist mein Mantel,
> hier mein Rasierzeug
> im Beutel aus Leinen.
> *Aus Günter Eich, ›Inventur‹*

alt und Robert A. Stemmle und – ein paar Tage später – den alten Freund Werner Buhre, ebenfalls abenteuerlich gekleidet mit Knobelbechern und einem zerfetzten Hemd. Kästner wird sofort vom allgemeinen »Arbeitsfieber« angesteckt: »Der Magen knurrt, doch die Augen blitzen. ›Trunkenheit ohne Wein‹. Alle miteinander sind um zehn Jahre jünger geworden. Der Kalender verbessert mich: um zwölf Jahre jünger.« Schündler und Rabenalt planen bereits ein Kabarettprogramm. Kästner soll aktuelle Chansons dafür schreiben. Doch er lehnt ab und fährt zunächst wieder zurück nach Mayrhofen. Hier besucht ihn Ende Juni der Schriftsteller Peter de Mendelssohn, inzwischen englischer Staatsbürger und Presseoffizier, zusammen mit einem amerikanischen Kollegen. Ob er an einer Zeitung mitarbeiten wolle, die demnächst in München erscheinen soll, fragen sie ihn. Kästner zögert. Er wisse noch nicht, ob München die erste Station seiner »Rückreise ins öffentliche Leben« sein werde. Kurze Zeit später bricht die Ufa-Expedition von Mayrhofen auf. Während die meisten Filmleute bis nach München fahren, lassen sich Kästner und Enderle in Schliersee bei ihren Verwandten absetzen. In den nächsten Wochen wächst Kästners Ungeduld, er fühlt sich wie ein Käfer zwischen »Baum und Borke« und leidet darunter, von anderen Menschen abhängig zu sein. Er könnte in München als Drehbuchautor, Kabarettist oder Redakteur arbeiten. Warum entscheidet er sich nicht? Warum bleibt er in Schliersee? Darüber gibt Kästner ebensowenig Auskunft wie über weitere persönliche Wünsche, Ziele und Enttäuschungen der Nachkriegsjahre, obwohl er gerade in dieser Zeit ungewöhnlich viel Biographisches in seine Publikationen einfließen läßt. Der Grund für seine Unentschlossenheit ist wohl vor allem die Sorge um die Eltern. Vielleicht hofft er auf positive Nachrichten aus dem unerreichbaren Berlin. Möglicherweise überlegt er, in die sowje-

82 Behelfsmäßige Wohnungseinrichtung nach Kriegsende

> Das schmale Pensionszimmer, in dem ich augenblicklich kampiere, steckt schon am frühen Morgen voller Menschen. Alte Freunde und neue Bekannte teilen sich in den Genuß, mir beim Waschen, bei der Zahnpflege und beim Rasieren zuzusehen. Die Portion Aufmerksamkeit, die übrigbleibt, widmen sie der Debatte. Sie hocken auf dem Sofa, auf dem Bett, auf den Stühlen, die das Mädchen und die Wirtin begeistert nachliefern. Es ist angenehm kühl im Raum, weil es an Fensterscheiben mangelt, und wenn unten amerikanische Lastwagen vorüberdonnern, wird man den Eindruck nicht los, einer Unterhaltung zwischen aufgeregten Taubstummen beizuwohnen. Es soll Zimmer geben, in denen man den Straßenlärm besser hört als auf der Straße selber. Ich habe Glück gehabt. Ich habe so ein Zimmer gemietet. *Aus ›Münchner Theaterbrief‹, 18. Oktober 1945*

tische Zone und damit näher zu den Eltern zu ziehen. Ende August faßt er endlich einen Entschluß. Als wieder einmal zwei Kollegen mit dem Auto nach Schliersee kommen, um ihn nach München zu holen, fährt Kästner mit ihnen. Im Oktober 1945 beginnt er als Feuilletonchef bei der ›Neuen Zeitung‹ und bezieht in der Pension Dollmann in der Thierschstraße Zimmer Nr. 4, das sich binnen kurzem zu einem beliebten Treffpunkt der Münchner Kulturszene entwickelt. »Wir arbeiten Tag und Nacht. Es geht zu wie bei der Erschaffung der Welt.«

Daß es kein unbeschwerter Neuanfang wird, liegt nicht nur am Mangel an allem Lebensnotwendigen. Wie befreiend haben sich die deutschen Intellektuellen, die keine Nationalsozialisten waren, das Ende des »Martyriums« – wie Kästner es nennt – vorgestellt. Doch sie warten vergebens auf »ein klein wenig Trost und Hilfe, Zuspruch und Mitleid«, um »die tödliche Erschöpfung ihrer Herzen« überwinden zu können. Wer hätte sie auch trösten sollen? Deutschland existiert nicht mehr. Die Besatzungsmächte sehen keine Veranlassung, enttäuschte Intellektuelle »aufzuheitern«. Und die Exilanten nehmen für sich

> Auch das Exil war eine Art Hölle, und für einen großen Teil der Emigranten bedeutete es Hunger, Gefängnis, Jagd durch Behörden, stete Flucht vor der Gestapo und der deutschen Armee und Folterung und Tod in Konzentrationslagern, Gaskammern, Gestapobüros. Dazu kam die moralische Hölle, die Hilflosigkeit, die tragische Situation von Kassandra, das Repetierliche einer grausigen Entwicklung, das scheinbar Ausweglose, das internationale Obskurantentum, die internationale Senkung des humanen Niveaus, und die Angst vor dem unausweichlichen Krieg, und der Krieg!
> Aber jede Hölle hat auch ihre lichten Momente, ihre gemütlichen Ecken, wo des Teufels Großmutter strickt, ihre Witze, ihre Ruhepausen, ihre schönen Stellen. *Hermann Kesten, 25. Juli 1946*

in Anspruch, mindestens ebenso gelitten zu haben wie die in der Heimat Gebliebenen. Zudem bezweifeln sie, daß man in diesem Land leben und überleben konnte, ohne sich schuldig zu machen. Haben nicht alle, die zwischen 1933 und 1945 in Deutschland kulturell tätig waren, in irgendeiner Weise den Unrechtsstaat unterstützt, auch wenn sie sogenannte unpolitische Bücher, Drehbücher oder Theaterstücke geschrieben haben? Der Meinung sind mit Thomas Mann viele andere Emigranten, und auch den amerikanischen Besatzern sind Autoren verdächtig, die nach 1933 in Deutschland geblieben sind, obwohl sie Gelegenheit zur Flucht gehabt haben. Zu ihnen zählt Erich Kästner. Er reagiert zunächst trotzig auf kritische Nachfragen: »Dem, der es nicht versteht, kann man's nicht erklären.« Dennoch geistert durch sein journalistisches und literarisches Werk der nächsten Jahre und Jahrzehnte eine mißtrauisch fragende Schattengestalt, der Kästner beständig neue Antworten und Erklärungen anbietet, ohne daß diese ihn selbst zu befriedigen scheinen. Er mag stärker an seiner moralischen Unversehrtheit gezweifelt haben, als er zugeben konnte oder wollte. Öffentlich aber erkennt er nicht den geringsten Schuldvorwurf an. Er ist nur Zuschauer gewesen. In einem seiner ersten Beiträge für die ›Neue Zeitung‹ bescheinigt er sich eine »weiße Weste«. Kästner sieht sich ausschließlich als Opfer der Nationalsozialisten. Sie haben seine Bücher verbrannt, seine Karriere zerstört und ihn mit zwölf Jahren »Berufsverbot« belegt. Das Ausmaß ihrer literarischen Tätigkeit in den Jahren zwischen 1933 und 1945 verschweigen er und viele andere in Deutschland gebliebene Schriftstellerkollegen.

Hilflosigkeit und Verunsicherung bestimmen den literarischen Aufbruch zwischen Mitte 1945 und 1946. Auf der Suche nach Orientierungspunkten besinnt man sich auf Thomas Mann. Der weltweit bekannteste und am meisten anerkannte deutschsprachige Schriftsteller besitzt seit 1944 die amerikani-

83 **Thomas Mann** (1875–1955) kehrt 1933 von einer Vortragsreise im Ausland nicht nach München zurück, um einer Verhaftung zu entgehen. Seine Konten und sein Besitz werden beschlagnahmt. Er sieht sich zunächst als Emigrant wider Willen und bekennt sich erst 1936 zum Exil. Thomas Mann lebt zuerst in Südfrankreich und in der Schweiz. 1939 reist er in die USA. 1952 kehrt er dann in die Schweiz zurück.

> Thomas Mann ist ein Meister in der Darstellung differenzierter Künstlernaturen, kränklicher, überfeinerter, dekadenter Charaktere, er tut sich sogar auf die Bedeutsamkeit des Nichtgesundseins seiner Bücherhelden etwas zugute, und er geht soweit, die Labilität, die Nervosität, die behutsame Abwegigkeit für Tugenden und hohe Werte zu halten. Dieser Kennerschaft und Vorliebe entsprach seit je eine physische Labilität des Autors selber. Die Athleten und Heroen waren ihm immer ein wenig verdächtig, und er ist selber keines von beiden. Wer kam nur zuerst auf die Idee, ihn über den Ozean zwischen unsere Trümmer zu rufen? Dazu kommt, daß er ein alter Herr ist und noch manches für ihn und uns wichtige Buch schreiben will. Wie könnte er das zwischen unseren Nöten, die man ihm in die Ohren brüllen würde?
> *Aus ›Betrachtungen eines Unpolitischen‹, 14. Januar 1946*

sche Staatsbürgerschaft. Im August 1945 fordern deutsche Autoren der inneren Emigration ihn auf, nach Deutschland zurückzukehren. Thomas Mann antwortet ablehnend: »Es ist ... ein beängstigendes Land. Ich gestehe, daß ich mich vor den deutschen Trümmern fürchte, daß die Verständigung zwischen einem, der den Hexensabbat von außen erlebte, und euch, die ihr mitgetanzt ... habt, immerhin schwierig wäre.« Anfang 1946 mischt sich Erich Kästner in diese Auseinandersetzung ein. In der ›Neuen Zeitung‹ veröffentlicht er eine scharfe Polemik in Form eines Kindermärchens. Darin wirft er dem von ihm verehrten Autor indirekt Feigheit vor, weil er den »guten, anständigen, unberühmten, daheimgebliebenen Deutschen« nicht als Leitfigur dienen wolle. Thomas Mann empört sich über den Artikel als ein »klassisches Stück sächsischer ›Heemdicke‹«. Ein positives Gegenbild zu Manns Verhalten entwirft Kästner im Juli 1946 in der Jugendzeitschrift ›Pinguin‹. Nicht ohne Selbst-

> Erika verlas den unverschämten, durch die ganze deutschsprachige Presse gegangenen Artikel von Kästner über meine dekadente Größe oder ›Nicht‹-Größe.
> *Thomas Mann, Tagebuch am 8. April 1946*

Der Begriff **innere Emigration** bezieht sich auf die in Deutschland gebliebenen, nicht nationalsozialistischen Intellektuellen und ist eine Analogiebildung zum Begriff **äußere Emigration**. Verwiesen wird darauf, daß die Lebensbedingungen beider Gruppen in Aspekten wie Isolation, Entfremdung, materieller und intellektueller Bedrohung vergleichbar sind. Wer als innerer Emigrant gilt, ist jedoch umstritten. Kästner rechnet man wegen seiner unverbindlichen Haltung und seiner Mitarbeit am ›Münchhausen‹-Film nicht zu den inneren Emigranten.
⌁ Ralf Schnell, ›Literarische Innere Emigration. 1933–1945‹ (1976).

gefälligkeit begründet er, warum er »nur noch schlückchenweise« schlafe, an manchen Tagen aussehe wie »ein naher Verwandter des Tods von Basel«, seine literarischen Pläne zurückgestellt und sein »Privatleben eingemottet« habe: »Weil es nötig ist, daß jemand den täglichen Kram erledigt, und weil es zu wenig Leute gibt, die es wollen und können. ... Wer jetzt an seine Gesammelten Werke denkt statt ans tägliche Pensum, soll es mit seinem Gewissen ausmachen. Wer jetzt Luftschlösser baut, statt Schutt wegzuräumen, gehört vom Schicksal übers Knie gelegt. Das gilt übrigens nicht nur für die Schriftsteller.« Noch einmal übernimmt Kästner die Rolle eines Lehrers mit dem Ziel, die Menschen in Deutschland moralisch zu bessern und sie zu Friedfertigkeit und Vernunft zu erziehen. Er hält es für unmöglich, eine bestehende Diktatur zu bekämpfen. Sie gleiche einer Lawine, die niemand aufhalte. Deshalb müsse man gleich am Anfang den »rollenden Schneeball zertreten«. Das sei in der Weimarer Republik versäumt worden. Deshalb bemüht er sich jetzt noch ernsthafter und kompromißloser als vor 1933 darum, aufzuklären, zu mahnen, zu warnen und jeden Ansatz von neuerlichem Militarismus oder Faschismus zu bekämpfen. Zunächst bedient er sich dazu vor allem der Mittel des Feuilletons und des Kabaretts.

Die ›Neue Zeitung‹, das erste und bedeutendste Presseorgan der amerikanischen Besatzungszone, erscheint ab 18. Oktober 1945. Chefredakteur ist Hans Habe, das Feuilleton leitet Erich Kästner von der ersten Nummer bis zum März 1946. Anschließend arbeitet er für das Blatt noch bis zum 1. April 1948 als freier Journalist. Er will ganz ausdrücklich »literarischen Nachhilfeunterricht« erteilen, den verbotenen und geflüchteten Autoren wieder Gehör verschaffen und helfen, die aus gegenseitigen Vorwürfen errichtete Barriere zwischen Schriftstellern der inneren und der äußeren Emigration niederzureißen. Ganz bewußt knüpft Kästner an Traditionen der Weimarer Republik

84 Erich Kästner und Luiselotte Enderle in der Feuilletonredaktion der ›Neuen Zeitung‹ in der Schellingstraße

an. Für die erste Ausgabe gewinnt er unter anderem Alfred Kerr als Beiträger, der Deutschland im Februar 1933 fluchtartig verlassen mußte. Er war der führende Theaterkritiker Berlins gewesen. Kästner selbst gibt in der Eröffnungsnummer einen Überblick über die ersten Premieren an Münchner Bühnen. Neben Beiträgen zu kulturellen Themen verfaßt er zahlreiche Artikel über den Nachkriegsalltag. Häufiger und konkreter als früher beschäftigt er sich jetzt mit tagespolitischen Fragen. Seinen schnörkellosen, pointierten Stil behält er bei. Satire und Groteske sind im Vergleich zu älteren Texten abgemildert. Statt dessen wählt Kästner für aktuelle Themen jetzt gern Formen wie Märchen oder Gleichnis. Mit spitzer Feder spießt er Widersinniges und Kurioses auf, spürt den Symptomen innerdeutscher Entfremdung nach, kritisiert Behördenwillkür, amtliche Schildbürgereien, wirtschaftliche Fehlentscheidungen und die Demontagepolitik der Alliierten. Als Beobachter bei der Eröffnung der Nürnberger Kriegsverbrecherprozesse gelingt ihm ein beeindruckendes Gruppenportrait der Angeklagten, die er als ganz gewöhnliche graue, alte und nervöse Männer beschreibt. Im Kontrast dazu wirken die ihnen vorgeworfenen Verbrechen noch ungeheuerlicher: »Jetzt sitzen also der Krieg, der Pogrom, der Menschenraub, der Mord en gros und die Folter auf der Anklagebank. Riesengroß und unsichtbar sitzen sie neben den angeklagten Menschen. Man wird die Verantwortlichen zur Verantwortung ziehen. Ob es gelingt? Und dann: es darf nicht nur diesmal gelingen, sondern in jedem künftigen Falle! Dann könnte der Krieg aussterben.«

Die Schuldfrage läßt Kästner nicht los. Immer wieder kommt er in Zeitungsartikeln und Reden auf das Problem der individuellen und gesellschaftlichen Verantwortung für den Nationalsozialismus zu sprechen. Alle diese Texte sind aus der Perspektive eines zutiefst gekränkten Menschen geschrieben, der sich zu Un-

Der **Nürnberger Prozeß** vor einem internationalen Militärtribunal in Nürnberg beginnt am 20. November 1945 mit der Anklage gegen 22 Hauptkriegsverbrecher. Er endet am 1. Oktober 1946 mit zwölf Todesurteilen, sieben Haftstrafen und drei Freisprüchen.

recht angegriffen fühlt. Die von dem Schweizer Psychoanalytiker C. G. Jung formulierte These von der kollektiven Schuld des deutschen Volkes lehnt Kästner entschieden ab. Und ihn empört die Selbstgerechtigkeit der Sieger: »Wer hat denn, als längst der Henker bei uns öffentlich umging, mit Hitler paktiert? Das waren nicht wir. Wer hat denn Konkordate abgeschlossen? Handelsverträge unterzeichnet? Diplomaten zur Gratulationscour und Athleten zur Olympiade nach Berlin geschickt? Wer hat denn den Verbrechern die Hand gedrückt statt den Opfern? Wir nicht, meine Herren Pharisäer!« Intensiv beschäftigt sich Kästner damit, die Ursachen und Wirkungsweisen der Diktatur zu erforschen. Seine Erklärungen allerdings weisen über eine eindimensionale, mechanistische Sicht nicht hinaus. Für Kästner ist die Diktatur eine »Staatsmaschine«, die Menschen »zum Dutzendwerkzeug stanzt und nietet«. Die politische Führungsspitze habe die »Verderbung des deutschen Charakters« systematisch betrieben. Kästners Konsequenz für den Neubeginn lautet demgemäß: »Wir müssen unsere Tugenden revidieren.« Dazu will er nicht nur mit seiner Publizistik beitragen, sondern auch mit seinen Texten für das Kabarett.

In der unmittelbaren Nachkriegszeit herrscht in Deutschland eine ungeheure Begeisterung für Musik- und Theateraufführungen, Lesungen und Vortragsabende. In München bemerkt Kästner ab September 1945 einen »Überfrühling der Künste«. Die deutsche Kulturlandschaft verändert sich nachhaltig, weil sie ihren Mittelpunkt verloren hat. Die in vier Sektoren geteilte ehemalige Hauptstadt ist durch ihre Insellage innerhalb der sowjetischen Besatzungszone vom Westen abgeschnitten. Von den Exilanten kehren nur wenige nach Deutschland zurück. Bertolt Brecht, Anna Seghers, Stefan Heym und einige andere ziehen in die sowjetische Zone, weil sie glauben, daß dort der demokratischere Staat entstehen wird. Zahlreiche aus Berlin

---

Niemals in unserer Geschichte hat ein solcher Generalangriff auf die menschlichen Tugenden stattgefunden. Nie zuvor sind Eigenschaften wie Zivilcourage, Ehrlichkeit, Gesinnungstreue, Mitleid und Frömmigkeit so grausam und teuflisch bestraft, nie vorher sind Laster wie Roheit, Unterwürfigkeit, Käuflichkeit, Verrat und Dummheit so maßlos und so öffentlich belohnt worden.

Aus ›Gescheit, und trotzdem tapfer‹, 1946

stammende Schauspieler, Schriftsteller, Maler, Sänger und Intellektuelle lassen sich in München oder Hamburg nieder. Sie tragen mit dazu bei, daß sich beide Städte zu den neuen kulturellen Zentren der Bundesrepublik entwickeln.

So sind es auch vor allem Zugereiste, die in München das erste Kabarett nach dem Krieg gründen. Am 15. August 1945 stellt »Die Schaubude« in den Kammerspielen ein provisorisches Programm vor. Geboten werden Tanzstücke, Auszüge aus der Weltliteratur und Texte der Weimarer Kabarettklassiker Ringelnatz, Tucholsky und Kästner. Von letzterem stammen das ›Wiegenlied eines Vaters‹ und die ›Elegie mit Ei‹ – 17 Jahre alt und noch immer erstaunlich aktuell: »Beginnt ein Anfang? Stehen wir am Ende? / Wir lachen hunderttausend Rätseln ins Gesicht. / Wir spucken – pfui, Herr Kästner – in die Hände / und gehn an unsre Pflicht.« In den folgenden Monaten bereitet die Mannschaft um die Schauspieler Hellmuth Krüger, Bum Krüger, Karl Schönböck und Siegfried Lowitz, die Autoren Herbert Witt, Axel von Ambesser und Erich Kästner und den Komponisten Edmund Nick eine Aufführung mit zeitgemäßen Themen vor. In der Reitmorstraße wird derweil ein 700 Zuschauer fassender Saal hergerichtet. Am 21. April 1946 findet die Premiere statt. Der Abend wird vor allem für Erich Kästner und Ursula Herking zum Triumph. Sie singt das von Kästner geschriebene ›Marschlied 1945‹, in dem es unter anderem heißt: »Tausend Jahre sind vergangen / samt der Schnurrbart-Majestät. / Und nun heißt's: Von vorn anfangen! / Vorwärts marsch! Sonst wird's zu spät!« In ihren Memoiren erinnert sich Herking an die Reaktion des Publikums: »Als ich den letzten Ton des ›Marschlieds 1945‹ gesungen hatte, sprangen die Menschen von den Sitzen auf, umarmten sich, schrien, manche weinten, eine kaum glaubliche ›Erlösung‹ hatte da stattgefunden. Das lag nur zum kleinen Teil an mir, es war einfach das richtige Lied, richtig formuliert,

85 Das Kabarett »Die Schaubude« in der Münchner Reitmorstraße

richtig gebracht, im richtigen Moment.« Das Kabarett nimmt in dieser Zeit Aufgaben des Theaters wahr, weil es unmittelbarer auf die Zeitprobleme reagieren kann als die schwerfälligeren, erst wieder im Aufbau begriffenen großen Bühnen.

Mit den Liedtexten für »Die Schaubude« kann Kästner an den Erfolg seiner frühen Lyrik anschließen. Noch immer ist ihm das Denken der Kleinbürger vertraut. Es gelingt ihm mühelos, Hoffnungen und Ängste von Menschen zu formulieren, die sich wieder einmal von den Mächtigen betrogen fühlen. Ratlos stehen sie zwischen den Trümmern und warten: die Ehefrau auf die Heimkehr des kriegsgefangenen Ehemanns, die Mutter auf Nachricht vom verschollenen Sohn und alle zusammen auf das Vergessen, den Neubeginn, eine Zukunftsaussicht. ›Das Lied vom Warten‹, das ›Lied einer alten Frau am Briefkasten‹, das ›Spielzeuglied‹ und ›Le dernier cri‹ sind außer dem ›Marschlied 1945‹ die bekanntesten Beiträge Kästners für »Die Schaubude«. Daneben schreibt er Sketche und Szenen, für das Herbstprogramm 1947 zum Beispiel ›Die Schildbürger‹ und ›Deutsches Ringelspiel‹, in dem Gewinner und Verlierer des Krieges zu Wort kommen, unter anderem die Flüchtlingsfrau, der Schwarzhändler, der Politiker, der Kriegsheimkehrer und der Dichter. 1948 veröffentlicht Kästner Essays, Reden, Vorträge und Zeitungsartikel aus diesen Jahren unter dem Titel ›Der tägliche Kram. Chansons und Prosa 1945–1948‹. Er gibt sich noch einmal optimistisch, noch einmal scheint er an den Sieg der menschlichen Vernunft zu glauben. Er will den Lesern Mut machen, sie zum Handeln ermuntern und ihnen Selbstvertrauen vermitteln. Und doch wirken die Texte oft, als schreibe der Autor gegen die eigene Resignation an, als wage er sich auf dünnes Eis, obwohl er genau weiß, daß er einbrechen wird.

Zu neuen literarischen Arbeiten fehlt Kästner in den ersten Nachkriegsjahren die Zeit. Der »tägliche Kram« geht vor. 1946

Ich bin der Dichter, der euch anfleht und beschwört.
Ihr seid das Volk, das nie auf seine Dichter hört.

Aus ›Deutsches Ringelspiel‹, 1947

86 Titelillustration von Walter Trier zu ›Bei Durchsicht meiner Bücher‹, 1946

erscheint ›Bei Durchsicht meiner Bücher‹, wiederum eine Auswahl aus den vier Gedichtbänden der Vorkriegszeit. Im Unterschied zur ›Hausapotheke‹ von 1936 nimmt er auch kritische Texte zu sozialen, politischen und gesellschaftlichen Themen auf. Die »lyrischen Prophezeiungen« lesen sich jetzt als »geschichtlicher Rückblick« auf die Wirklichkeit. ›Kurz und bündig‹ nennt Kästner eine Sammlung von Epigrammen, die er 1948 herausgibt. Ein »ganz kleiner Quatsch« sei es nur, schreibt er dem Freund Hermann Kesten. Das schmale Bändchen enthält kurze Weisheiten über Leben und Tod, moralische Merksätze, prägnante Antworten auf persönliche Angriffe und geschliffene Verse über Tiefsinniges, aber auch Banales für »Stammbuch und Stammtisch«. Manche der Epigramme, wie etwa »Es gibt nichts Gutes / außer: Man tut es«, werden zu geflügelten Worten.

Bis 1948 hat Kästner Stück für Stück zu seinem gewohnten Lebensrhythmus zurückgefunden. Sein armseliges Pensionszimmer kann er Anfang 1946 verlassen. Zusammen mit Luiselotte Enderle bezieht er eine möblierte Wohnung in der Fuchsstraße in Schwabing. Den Haushalt und den kleinen blaugrauen Kater Maximilian versorgt eine Angestellte, der Hausherr sucht sich ein neues Stammcafé. Zum Arbeiten geht er jetzt am lieb-

Die zwei Gebote
Liebe das Leben, und denk an den Tod!
Tritt, wenn die Stunde da ist, stolz beiseite.
Einmal leben zu müssen,
heißt unser erstes Gebot.
Nur einmal leben zu dürfen,
lautet das zweite.

Aus ›Kurz und bündig‹, 1948

> Mein lieber guter herzensguter Junge!
> Mir gefällt es garnicht mehr in Dresden mein oller guter Junge wir haben uns so sehr sehr lange nicht gesehen. ... Du hast viel Arbeit aber uns vergessen dürfen wir uns auch nicht, öfter mal schreiben und auch mal kommen das geht doch wohl noch. Weihnachten wird es zwei Jahr das wir uns nicht gesehen haben das wir Deine Eltern große Sehnsucht haben kann man sich ja denken Dich herzlich gern haben weist Du auch unser liebes gutes einziges Kind ... und mein besonders gutes Kind hat uns von München aus noch garnicht besucht und wir sehnen uns so sehr nach Dir. ... Nun mein unser einziges Kind das aller erste und letzte Kind denn ich sagte mir unser liebes einzigstes Kind soll mal etwas werden und wir sind nicht betrogen worden. Die besten Zensuren hattes Du und Du konntest etwas werden und hast uns nicht getäuscht. Unendlich viele tausend herzlichste Grüsse von Deinem so lieben Muttchen und Papa
> *Ida Kästner an ihren Sohn, 2. September 1946*

sten ins Café Benz auf der Leopoldstraße. Erschwert wird ihm das Einleben in München allerdings durch die Sorge um das Wohlergehen der Eltern. Sobald die Post wieder funktioniert, setzt er den Briefwechsel mit der Mutter fort. Zahllose Päckchen mit Lebensmitteln schicken Kästner und Enderle nach Dresden, unter anderem mit Mehl, Grieß, Ölsardinen, Butter, Pralinen und Kartoffeln. Seine Besuchspläne muß er wegen der komplizierten Einreisebestimmungen für die sowjetische Zone, der eigenen Arbeitsbelastungen und der Beschränkungen im Zugverkehr mehrfach verschieben. Die Mutter ist untröstlich. Sie beklagt bitter, daß der Sohn nicht kommt. Weihnachten 1945 muß sie zum ersten Mal ohne ihren »Jungen« verbringen. Der leidet im fernen München stärker am Schmerz der Mutter als an seinem eigenen. Im September 1946 sieht Kästner endlich seine »alte ramponierte Freundin« Berlin wieder. 34 Stunden dauert die Zugfahrt damals. Am Bahnhof Berlin-Wannsee empfangen ihn Freunde, Bekannte und Rundfunkreporter. Der abgehärmte Mann mit

> Ach ja, nun erleben wir schon den zweiten verlorenen Krieg miteinander! Und verlorene Kriege sind leider gar nicht hübsch ... Hoffentlich öffnen sich bald die Zonengrenzen, damit man sich manchmal besuchen kann und damit wir uns bald überlegen können, wie wir's künftig machen. Ob Ihr nach Bayern zieht. Viele wollen allerdings, daß ich nach Berlin zurückkomme. Ich würde dort nötiger als in München gebraucht.
> *An die Mutter, 11. Februar 1946*

> Ich lief einen Tag lang kreuz und quer durch die Stadt, hinter meinen Erinnerungen her. Die Schule? Ausgebrannt ... Das Seminar mit den grauen Internatsjahren? Eine leere Fassade ... Die Dreikönigskirche, in der ich getauft und konfirmiert wurde? In deren Bäume die Stare im Herbst, von Übungsflügen erschöpft, wie schrille, schwarze Wolken herabfielen? Der Turm steht wie ein Riesenbleistift im Leeren ... Das Japanische Palais, in dessen Bibliotheksräumen ich als Doktorand büffelte? Zerstört ... Die Frauenkirche, der alte Wunderbau, wo ich manchmal Motetten mitsang? Ein paar klägliche Mauerreste ... Die Oper? Der Europäische Hof? Das Alberttheater? Kreutzkamm mit den duftenden Weihnachtsstollen? Das Hotel Bellevue? Der Zwinger? Das Heimatmuseum? Und die anderen Erinnerungsstätten, die nur mir etwas bedeutet hätten? Vorbei. Vorbei.
> ›... und dann fuhr ich nach Dresden‹, November 1946

dem groben Pullover und dem wuchtigen Mantel erinnert nur noch entfernt an den eleganten und charmanten Doktor Kästner von früher. Zwar schreibt er einen Artikel über sein ›Wiedersehen mit Berlin‹, doch seine wirklichen Gefühle verbirgt er sorgfältig hinter lakonischem Witz. Von Berlin aus fährt Kästner weiter nach Dresden. Als er die zerstörte Heimatstadt und seine verstörte Mutter sieht, merkt er, daß er die Grenze seiner Fähigkeit zu trauern überschritten hat: »Es ist, als fiele das Herz in eine tiefe Ohnmacht.«

87 Die zerstörte Dresdner Altstadt, 1946/1947

Anwalt der Kinder und der Kindheit

»Mir tun bloß die Kinder leid ...«

"Pinguin ist mein Name! Ich rede, wie mir der Schnabel gewachsen ist.« Selbstbewußt und munter begrüßt die Titelfigur der neuen Zeitschrift für junge Leute ihre Leser am 1. Januar 1946. Einen engagierteren Herausgeber als Kästner hätte der Rowohlt-Verlag für sein anspruchsvolles Jugendblatt kaum finden können. Kästner fühlt sich nach dem Krieg noch mehr als in der Weimarer Republik für die Erziehung der Jugend verantwortlich, insbesondere für die Generation der im Dritten Reich Geborenen. In seinem ersten Leitartikel ›Gescheit, und trotzdem tapfer‹ formuliert er die auch für alle weiteren Beiträge gültige Maxime: »Wir wollen Deutschland neu aufbauen und bei unserem Charakter beginnen!« Kästner fordert Umorientierungen in der musischen Erziehung und im Geschichtsunterricht, und er wirbt unermüdlich für »die vier archimedischen Punkte«, mit denen man die »soziale, moralische und politische Welt« in die »rechten Angeln« heben

88 Titelseite der ersten Ausgabe von ›Pinguin‹, 1946

Pinguin ist mein Name! Ich rede, wie mir der Schnabel gewachsen ist. Ich lache, wie es mir gefällt. Ich will mich anfreunden mit all denen, die jung sind und sich jung fühlen. Ich liebe das Leben und alles, was lebendig ist. Ich hasse das Abgelebte und Verstaubte, den Spießbürger und den Schnüffler. Ich freue mich an der Schönheit der weiten Welt, an den Wundern der Natur und den Schöpfungen der großen Künstler. Ich habe ein offenes Ohr für die Klagen der Bedrückten, und mein Herz schlägt mit allen, die guten Willens sind. Ich will Euch begeistern für all das, was wir tun können, um uns selbst ein besseres Leben zu schaffen.
Programm der Jugendzeitschrift ›Pinguin‹, 1946

kann: »Jeder Mensch höre auf sein Gewissen! ... Jeder Mensch suche sich Vorbilder! ... Jeder Mensch gedenke immer seiner Kindheit! ... Jeder Mensch erwerbe sich Humor!« Aus Furcht, wieder einmal – wie vor 1933 – mit seinem Anliegen zu scheitern, schlägt Kästner nun häufiger einen Ton pädagogischen Übereifers an. Außer seinen »Schulmeistereien« bietet die reich illustrierte Zeitschrift vielfältige Informationen und Unterhaltung durch Rätsel, Anekdoten, Reiseberichte, Artikel zu Themen aus Kultur, Politik und Forschung, Gedichte und Erzählungen. Demokratische Spielregeln können in Meinungs- und Diskussionsforen eingeübt werden. Tugenden wie Toleranz, Menschlichkeit und Hilfsbereitschaft sollen beispielsweise durch Suchaktionen nach vermißten Kindern und Eltern oder durch Artikelreihen wie »Die guten Taten« gefördert werden. Die Auflage des monatlich erscheinenden ›Pinguin‹ klettert auf beachtliche 200 000 Exemplare, obwohl der Verkaufspreis mit einer Mark relativ hoch ist. Zum Erfolg trägt der bekannte Name des Herausgebers nicht unwesentlich bei. Kästner arbeitet an dem Blatt bis 1948 aktiv mit, wird aber noch bis Mitte 1949 im Impressum als Herausgeber geführt.

Am 20. Juni 1948, dem Tag der Währungsreform, endet die unmittelbare Nachkriegszeit. Jeder Bürger der drei Westzonen erhält für 40 Reichsmark zwei funkelnagelneue grüne Zwanzigmarkscheine. Staunend stehen die Menschen vor den Schaufenstern, hinter denen plötzlich all die Dinge ausliegen, die jahrelang als nicht erhältlich oder unbezahlbar galten. Der wirtschaftliche Aufschwung bedeutet zugleich das Ende manches ehrgeizigen Kulturprojekts. Jetzt kauft man für das knappe Geld lieber Lebens-

89 Ein alter und ein neuer Geldschein

> Wenn die deutsche Jugend nicht auf der Stelle im Hinblick auf echte, ehrliche Vorbilder, sondern wieder nach tönernen Idealen, nach verkitschten Abziehbildern und bronzierten, posierenden Denkmälern erzogen wird, ist es zu spät! Unsere Jugend soll lernen, sich an großen Menschen zu messen, nicht an überlebensgroßen Tortenaufsätzen zu Pferde!
>
> *Aus ›Gespräch mit Zwergen‹, März 1946*

mittel oder Gebrauchsgüter als eine Jugendzeitschrift oder eine Eintrittskarte fürs Theater. Das Kabarett ›Die Schaubude‹ muß 1949 hochverschuldet schließen. Die Herausgeber des ›Pinguin‹ versuchen den Rückgang der Verkaufszahlen durch die Umgestaltung zu einem allgemeinen Unterhaltungsblatt aufzuhalten. Positiv wirkt sich die Währungsreform dagegen auf den Buchmarkt aus. Wegen des extremen Papiermangels ist die Nachkriegsproduktion zunächst nur zögernd angelaufen. Der Notversorgung des lesehungrigen Publikums dienen zunächst Rowohlts-Rotations-Romane, auf billigem Zeitungspapier in großem Format gedruckt. Erich Kästner gehört zu den Autoren, die in der Gunst deutscher Leser noch ganz oben stehen. Bei einer Verlagsumfrage wird Thomas Mann am weitaus häufigsten genannt, es folgen Hermann Hesse, Franz Werfel, Sinclair Lewis, Ernest Hemingway und Erich Kästner. 1949 findet in Frankfurt die erste internationale Buchmesse nach dem Krieg statt. Im selben Jahr meldet sich Erich Kästner als Romanautor zurück. Daß es keine Werke für Erwachsene, sondern für Kinder sind, mag in seinem gesteigerten Sinn für pädagogische Verantwortung begründet liegen. So wird 1949 zu einem besonderen Glücksjahr für die kleinen Leseratten der jungen Republik. Sie lernen nicht nur Astrid Lindgrens sommersprossige Heldin Pippi Langstrumpf kennen, die schwedische Kinder schon seit 1944 begeistert, sondern auch ›Das doppelte Lottchen‹ sowie den Löwen Alois, den Elefanten Oskar, das Giraffenmännchen Leopold und die anderen Teilnehmer der ›Konferenz der Tiere‹.

In ›Das doppelte Lottchen‹ gestaltet Kästner noch einmal das Doppelgängerthema, das ihn lebenslang fasziniert. Als Drehbuchentwurf, vielleicht aber auch schon als fertige Erzählung, liegt der Text seit dem Schreibverbot von 1943 in seiner Aktentasche mit den Manuskripten. Jetzt wird die Geschichte der Zwillingsschwestern zu einem der ersten deutschen Jugendbest-

---

Der Vater erscheint mit einer großen Säge, wie Holzhauer sie haben, und ruft: »Lassen Sie die Kinder in Ruhe, Frau Körner!«
»Es sind meine Kinder, Herr Palfy!«
»Meine auch«, schreit er zurück. Und während er sich nähert, erklärt er trocken: »Ich werde die Kinder halbieren! Mit der Säge! Ich kriege eine halbe Lotte und von Luise eine Hälfte, und Sie auch, Frau Körner!«
Die Zwillinge sind zitternd ins Bett gesprungen.
Aus ›Das doppelte Lottchen‹, 1949

90 Titelillustration von Walter Trier zu ›Das doppelte Lottchen‹, 1949

seller nach 1945. Es gibt damals nur sehr wenige Bücher, die wie dieses spannend sind, ohne trivial zu sein, und in denen Lachen und Weinen, Mitfühlen und Mitfiebern so nah beieinander liegen. Mit einer Intensität, die eigene Erfahrungen verrät, schildert Kästner die immense psychische Belastung von Kindern, die sich im Kampf zwischen Vater und Mutter zerrissen fühlen. »Ihr dürft uns nicht halbieren!« schreit Lotte im Traum, und der Vater antwortet: »Eltern dürfen alles!« Dürfen Eltern alles? Der Autor meint nein. Und deshalb entwickeln die nach der Scheidung der Eltern getrennten Zwillinge einen raffinierten Plan, nachdem sie in einem Ferienheim zufällig zusammengetroffen sind. Luise fährt als Lotte zur Mutter nach München, Lotte als Luise zum Vater nach Wien. Da beide Mädchen in ihren Vorlieben, Abneigungen und Handlungsweisen völlig verschieden sind, gibt es genügend Stoff für viele heitere, rührende und aufregende Szenen. Unaufdringlich, aber trotzdem überzeugend läßt Kästner seine Leser darüber hinaus an den inneren Konflikten von Lotte und Luise teilhaben. Mit ihren Namen haben sie zugleich ihre Identitäten getauscht. In der Maske der jeweils anderen möchten sie die Liebe des jeweils anderen Elternteils erringen und scheitern beinahe daran. Doch schließlich gelingt es ihnen, die Familie wieder glücklich zu vereinen. Zu dem großen Erfolg des Bu-

> Mutti stellt sich, mit ausgebreiteten Armen, schützend vor das Bett. »Niemals, Herr Palfy!«
> Aber der Vater schiebt sie beiseite und beginnt, vom Kopfende her, das Bett durchzusägen. Die Säge kreischt so, daß man friert, und sägt das Bett Zentimeter auf Zentimeter der Länge nach durch.
> *Aus ›Das doppelte Lottchen‹, 1949*

ches trägt auch der mehrfach ausgezeichnete Film von 1950 bei, in dem Josef von Baky Regie führt.

Wie ›Pippi Langstrumpf‹ weicht auch ›Das doppelte Lottchen‹ vom damals üblichen Erzählmuster der Kinderbücher ab. Kästner und Lindgren sind der allgemeinen Entwicklung in der Kinder- und Jugendliteratur weit voraus. Die Darstellung von Problemen, Konflikten oder unkonventionellen Verhaltensweisen gilt gemeinhin als pädagogisch unerwünscht. In den Büchern für die Kriegsgeneration gibt es weder Krankheit noch Tod, weder Hunger noch Zerstörung; es gibt keine zerrütteten Familien, keine Ehescheidung, keine Waisen und Halbwaisen. Kleinere moralische Anfechtungen überwinden die Figuren schnell mit Hilfe wohlmeinender Erwachsener. Kästner gehört zu den wenigen Autoren, die sich nicht an dieses Heile-Welt-Muster halten mögen. Auch wenn man ihm vorwirft, mit seinen Büchern zur »seelischen Zerrüttung« der Kinder beizutragen. Kästner weiß, daß Kinder immer wieder Opfer physischer und psychischer Gewalt der Erwachsenen sind und daß die Erwachsenen die Leiden der Kinder leugnen und verschweigen. Gegen dieses Verschweigen schreibt er auch in seinem zweiten 1949 veröffentlichten Buch an, das eigentlich vor allem an die Vernunft der Erwachsenen appelliert: ›Die Konferenz der Tiere‹. Löwe, Elefant und Giraffe streiten für das Recht der Kinder auf Frieden und Menschlichkeit. Da die Staatsmänner ebenso endlos wie ergebnislos konferieren, berufen die Tiere selbst eine Tagung ein und verlangen, daß es nie wieder Krieg, Not und Revolution geben dürfe. Die Politiker ignorieren die Forderungen, und so greifen die Tiere zu drastischen, an die biblische Apokalypse erinnernde Maßnahmen: Mäuse zernagen die Akten der Tagungsteilnehmer, Motten zerfressen sämtliche Uniformen weltweit. Doch erst als alle Kinder verschwunden sind, lenken die Erwachsenen ein, und die

> Der Vertrag, den die Staatshäupter unterschrieben, lautete: »Wir die verantwortlichen Vertreter aller Länder der Erde, verpflichten uns mit Leben und Vermögen zur Durchführung folgender Punkte: 1. Alle Grenzpfähle und Grenzwachen werden beseitigt. Es gibt keine Grenzen mehr. 2. Das Militär und alle Schuß- und Sprengwaffen werden abgeschafft. Es gibt keine Kriege mehr. 3. ... Es gibt keine Mordwissenschaften mehr. 4. ... Die Büros sind für die Menschen da, nicht umgekehrt. 5. Die bestbezahlten Beamten werden in Zukunft die Lehrer sein. Die Aufgabe, die Kinder zu wahren Menschen zu erziehen, ist die höchste und schwerste Aufgabe.
> *Aus ›Die Konferenz der Tiere‹, 1949*

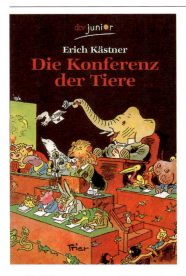

91 Titelillustration von Walter Trier zu ›Die Konferenz der Tiere‹, 1949

Staatsoberhäupter unterzeichnen »den ewigen Friedensvertrag«. In dieser märchenhaften Tierparabel thematisiert Kästner noch einmal seine Utopie von einem Humanismus mit idealen Zügen. Wie illusionär diese Hoffnung ist, zeigt ihm die Realität: Seit 1947 verschärft der Kalte Krieg die politischen Spannungen zwischen Ost und West. 1949 denkt man bereits wieder laut über die Wiederbewaffnung Deutschlands nach. Im Juni 1950 beginnt der Koreakrieg. Trotz der ernsthaften Aussage ist ›Die Konferenz der Tiere‹ zugleich das Buch, in dem Kästners Fabulierfreude die größten Kapriolen schlägt. Mit viel Liebe zum witzigen Detail beschreibt er das sehr vermenschlichte Alltagsleben der Tiere. Denselben heiteren Charme strahlen Walter Triers Illustrationen aus, die der Zeichner von seinem neuen Domizil in Kanada aus an den Freund in München schickt. Mit dieser Geschichte bricht Kästner ein weiteres Tabu der Kinderliteratur. Das Thema »Krieg« verdrängen die Erwachsenen aus ihrem Denken, ihre Kinder wollen sie erst recht davor bewahrt wissen – wenn nicht in der Wirklichkeit, so doch zumindest in der Fiktion. Als Kästner Walt Disney ›Die Konferenz der Tiere‹ als Vorlage für einen Zeichentrickfilm anbietet, schüttelt der ablehnend den Kopf: »No, Eric. No politics and no religion!«

»Mir tun bloß die Kinder leid, die sie haben«, meinte der Elefant Oskar und ließ die Ohren hängen. »So nette Kinder! Und immer müssen sie die Kriege und die Revolutionen und Streiks mitmachen, und dann sagen die Großen noch: sie hätten alles nur getan, damit es den Kindern später einmal besser ginge. So eine Frechheit, was?«

Aus ›Die Konferenz der Tiere‹, 1949

Bis zum Ende der fünfziger Jahre hält in der westdeutschen Kinder- und Jugendliteratur der Trend zum Heile-Welt-Optimismus an. Erich Kästner schließt sich dem nie ganz an, obwohl auch seine Geschichten idyllische Züge tragen, fast immer glücklich enden und die nach 1945 veröffentlichten Bücher in einem Kontext außerhalb der bundesrepublikanischen Wirklichkeit angesiedelt sind. Nachdem er bereits 1938 einen Band mit Geschichten über ›Till Eulenspiegel‹ herausgegeben hat, erscheinen in den fünfziger Jahren weitere Bearbeitungen volkstümlicher Stoffe: ›Der gestiefelte Kater‹ (1950), ›Münchhausen‹ (1951), ›Die Schildbürger‹ (1954), ›Don Quichotte‹ (1956) und schließlich ›Gullivers Reisen‹ (1961). Kästner paßt die Vorlagen dem für ihn typischen, lakonisch-heiteren Erzählduktus an. Mit diesen Büchern will er seine Leser an die Erwachsenenliteratur heranführen und sie zugleich mit nachahmenswerten Vorbildern bekannt machen. Die Hauptfiguren verfügen alle in besonders hohem Maß über Zivilcourage, Klugheit und Humor, also über genau die Eigenschaften, die Kästner pädagogisch besonders wichtig sind.

Im ›Pinguin‹ hat Erich Kästner oft Kindheitserlebnisse erwähnt, um Gedanken oder Ansichten zu veranschaulichen und zur besseren Verständigung zwischen den Generationen beizutragen. 1957 erscheinen seine Kindheitserinnerungen für junge Leser unter dem Titel ›Als ich ein kleiner Junge war‹. Es ist vielleicht sein bestes Kinderbuch, in jedem Fall aber ist es das ehrlichste und außerdem das einzige ohne Happy-End. Es schließt mit dem Beginn des Ersten Weltkriegs. Kästners Kindheitsbilanz ist eine Hommage an seine Heimatstadt Dresden und zudem ein äußerst anschauliches Geschichtsbuch über das Alltagsleben und die Denkweisen der Kleinbürger im deutschen Kaiserreich. Der Leser entdeckt bei der Lektüre, wie stark Kästners Romane von der eigenen Biographie beeinflußt

---

Meine Mutter öffnete die Tür. Ich stieg, die Zuckertüte mit der seidnen Schleife vorm Gesicht, die Ladenstufe hinauf, stolperte, da ich vor lauter Schleife und Tüte nichts sehen konnte, und dabei brach die Tütenspitze ab! Ich erstarrte zur Salzsäule. Zu einer Salzsäule, die eine Zuckertüte umklammert. Es rieselte und purzelte und raschelte über meine Schnürstiefel. ... Ich stand bis an die Knöchel in Bonbons, Pralinen, Datteln, Osterhasen, Feigen, Apfelsinen, Törtchen, Waffeln und goldenen Maikäfern.
Aus ›Als ich ein kleiner Junge war‹, 1957

sind. Fast beiläufig zeichnet er das bedrückende Psychogramm eines Kindes, das den Abgrund unter seinem Paradies erkennt. Dieses Buch konnte erst nach dem Tod der Mutter geschrieben werden. Ida Kästner war am 9. Mai 1951 im Alter von 80 Jahren in Dresden gestorben. Der Sohn muß nicht länger Kind sein. Kästner hat einmal als spezielles Merkmal eines Kinderbuchautors genannt, daß dessen Werke nicht auf Beobachtetem, sondern auf Erinnertem basieren. Mit diesem Buch scheint für ihn der lange Prozeß des Erinnerns abgeschlossen zu sein. Von nun an gibt es keine Helden mehr wie Emil, Anton, Martin oder Erich. Mäxchen Pichelsteiner, die Hauptfigur von Kästners letzten beiden Kinderbüchern aus den Jahren 1963 und 1967, ist eher altklug als keß und tatsächlich, wie der Titel verrät, ›Der kleine Mann‹: ein Miniatur-Erwachsener mit Beruf und Eigenheim und im zweiten Band ›Der kleine Mann und die kleine Miss‹ sogar mit einer Lebensgefährtin. Der Autor hat das Lager gewechselt. Wer die Illustrationen von Horst Lemke aufmerksam betrachtet, entdeckt unschwer die frappante Ähnlichkeit zwischen Mäxchens Ziehvater »Professor Jokus von Pokus« und Erich Kästner.

Ende der fünfziger Jahre brechen jüngere Autoren wie James Krüss, Otfried Preußler und Michael Ende mit ihren Geschichten aus der harmonischen Familienwelt des Kinderbuchs aus. Mit eigenen Erzählweisen gestalten sie sozial- und zivilisationskritische Themen neu. Die modernen Helden sind freier, selbstbewußter und vor allem phantasiebegabter als ihre Urahnen Emil und Anton. An dieser Trendwende hin zu einer emanzipatorischen Literatur für junge Leser ist der inzwischen sechzigjährige Erich Kästner nicht mehr beteiligt. Zu weit ist die Welt seiner Kindheit von der modernen Gesellschaft entfernt, als daß er noch ihr glaubwürdiger Anwalt sein könnte.

92 Professor Jokus von Pokus. Illustration von Horst Lemke aus ›Der kleine Mann‹, 1963

Berühmt und resigniert zugleich

»Die große Freiheit ist es nicht geworden,
die kleine Freiheit – vielleicht!«

Blenden wir noch einmal zurück in das Jahr 1949: Die Bundesrepublik Deutschland und die Deutsche Demokratische Republik werden gegründet. Anläßlich Goethes 200. Geburtstags kommt Thomas Mann zum ersten Mal seit 1933 wieder in seine Heimat, um unter anderem Weimar und Frankfurt zu besuchen. Erich Kästner feiert seinen 50. Geburtstag. Die ›Weltbühne‹ gratuliert mit einem Artikel, in dem er als Vertreter einer »Verlorenen Generation« gewürdigt wird, dessen kritische Gedichte sich auch für die folgende Generation als ausgesprochen brauchbar erwiesen haben. Der junge Kinderbuchautor James Krüss beobachtet am Münchner Odeonsplatz einen Herrn mit buschigen, graumelierten Augenbrauen, der »einen Homburg, einen leichten grauen Mantel zu seinem Flanellanzug, leichte italienische Schuhe und über dem Arm einen eingerollten Regenschirm« trägt. Krüss hält ihn für einen Bankdirektor. Er bemerkt seinen Irrtum jedoch am nächsten Tag, als er in ihm den bewunderten älteren Kollegen kennenlernt. Hinter der Fassade äußerer Eleganz verbirgt sich ein in seinem Glauben an eine von Humanität und Frieden geprägte Demokratie enttäuschter Mensch. In den teilweise sarkasti-

93 Kästner in den fünfziger Jahren

schen Chansons und Prosatexten aus den Jahren zwischen 1949 und 1952, die unter dem Titel ›Die kleine Freiheit‹ veröffentlicht werden, ist Kästners Verbitterung deutlich bemerkbar. ›Die kleine Freiheit‹ ist zugleich der Name des Münchner Kabaretts, das – zwei Jahre nach dem Konkurs der ›Schaubude‹ – am 24. Januar 1951 sein erstes Programm vorstellt. Erich Kästner hat das Eröffnungslied geschrieben: »Die große Freiheit ist es nicht geworden, / es hat beim besten Willen nicht gereicht. / Aus Traum und Sehnsucht ist Verzicht geworden, / aus Sternenglanz ist Neonlicht geworden, / die Angst ist erste Bürgerpflicht geworden. / Die große Freiheit ist es nicht geworden, / die kleine Freiheit – vielleicht!« Trude Kolmar leitet das zuerst in einem Wohnzimmer agierende Ensemble, zu dem viele ehemalige Mitarbeiter der ›Schaubude‹ gehören. Kästner verfaßt kritische Texte mit bitteren Anklagen gegen den wiedererwachenden Militarismus, etwa ›Die Kantate »De Minoribus«‹ oder ›Solo mit unsichtbarem Chor‹. Er gibt seine Mitarbeit auf, als die Kleinkunstbühne sich auf niveauvolle Unterhaltungsrevuen spezialisiert, die dem Trend der Zeit besser entsprechen.

Die meisten Menschen wollen den Krieg endlich vergessen. Sie beginnen sich einzurichten im ›Wirtschaftswunderland‹, in der Neubauwohnung oder im Eigenheim. Die betonte Sachlichkeit des modernen Wohnstils mit Nierentischen, Cocktailsesseln, pastellfarbenen Tütenlampen und geometrisch gemusterten Tapeten kann nicht darüber hinwegtäuschen, daß die Werte und Gesinnungen eher auf Biedermeier und Kaiserzeit zurückdeuten. Man gibt sich christlich und prüde, kämpft gegen »Schmutz- und Schundliteratur« und empört sich über Filme wie ›Die Sünderin‹ mit Hildegard Knef. Kästner bleibt sich und seinen Überzeugungen treu. Doch seine gesellschaftliche Position läßt sich zunehmend schwerer bestimmen. Wo steht in der restaurativen Adenauerära jemand, der Moralist und Pazifist zugleich ist?

94 Autorenkonferenz zum ersten Programm der ›Kleinen Freiheit‹ in München 1950. Von links: Hellmuth Krüger, Per Schwenzen, Robert Gilbert, Oliver Hassenkamp und Erich Kästner.

Das Privatleben des Autors prägen maßvoller Wohlstand und bürgerliche Behaglichkeit. 1953 mieten er und Luiselotte Enderle ein Reihenhaus in der Flemingstraße am Herzogpark. Zwischen weiß-goldenen Empiremöbeln tummeln sich Katzen: die kleine Anna, der dicke Butschi, die Perserdame Lollo und die elegante Pola. Besucher wundern sich über den unbequemen Arbeitsplatz des Hausherrn. Sitzt

95 Erich Kästner und Luiselotte Enderle vor ihrem Haus, 1953

er vor seiner kleinen Reiseschreibmaschine, die auf der marmornen Fensterbank steht, stößt er sich die Knie an dem Bücherregal darunter. Dafür kann er von dort die Aussicht in seinen halbverwilderten Garten mit Blumenwiese, Obstbäumen und Gemüsebeeten genießen. Der Anblick mag ihn zu den 13 Gedichten über den Jahreslauf inspiriert haben, die er auf Bestellung der ›Berliner Illustrierten‹ schreibt. 1955 erscheinen sie als Kästners letztes Lyrikbändchen unter dem Titel ›Die dreizehn Monate‹. Die gefälligen Verse kommen dem Geschmack eines breiten Publikums entgegen. In tändelndem Ton wird eine zeitlose, selbstgenügsame Natur gepriesen, die den »lauten Besuch« der Großstädter geduldig erträgt. Heitere Effekte erzielt Kästner, indem er Naturerscheinungen auf bewährte Weise vermenschlicht. Doch vor die romantisch-beschwingte Grundstimmung schieben sich immer wieder Bilder von Vergänglichkeit und Vergeblichkeit: »Es tickt die Zeit. Das Jahr dreht sich im Kreise. / Und werden kann nur, was schon immer war. / Geduld mein Herz. Im Kreise geht

---

Konrad Adenauer (1876–1967) ist ab 1946 Vorsitzender der CDU. Am 15.9.1949 wählt ihn der Bundestag zum ersten Kanzler der Bundesrepublik Deutschland. Zunächst in Koalition mit FDP und DP erreicht die CDU bei der Bundestagswahl 1957 die absolute Mehrheit und kann bis 1961 allein regieren. 1963 tritt Adenauer zurück.

96 Konrad Adenauer, Wahlplakat 1957

> Im Galarock des heiteren Verschwenders,
> ein Blumenzepter in der schmalen Hand,
> fährt nun der Mai, der Mozart des Kalenders,
> aus seiner Kutsche grüßend, über Land.
>
> Es überblüht sich, er braucht nur zu winken.
> Er winkt! Und rollt durch einen Farbenhain.
> Blaumeisen flattern ihm voraus und Finken.
> Und Pfauenaugen flügeln hinterdrein.
>
> *Aus ›Der Mai‹, 1955*

die Reise. / Und dem Dezember folgt der Januar.« Die melancholischen Gedanken treffen den Autor in der Phase seines größten Ruhms.

Erich Kästners Popularität hat sich über den Krieg hinaus erhalten und erreicht in den fünfziger Jahren ihren Höhepunkt. Wenn er aus seinen Werken liest, sind selbst große Säle überfüllt. Wenn er in Buchhandlungen Autogramme gibt, stehen die Menschen stundenlang an. Doch sein Ansehen beruht auf Leistungen der Vergangenheit. Am bekanntesten sind nach wie vor ›Emil und die Detektive‹ von 1929 und ›Drei Männer im Schnee‹ von 1934. Das Publikum sieht in Kästner den netten Kinderbuchautor und den humoristischen Schriftsteller, der erstaunlich gut in das konservative gesellschaftliche Klima der Zeit paßt. Er wehrt sich nicht dagegen, daß seine kritischen Werke zunehmend aus dem Blickfeld des Interesses geraten.

Am besten weiß die Filmbranche die Beliebtheit Kästners für sich zu nutzen und im Gegenzug weiter zu verstärken. In den fünfziger Jahren gehören Kinobesuche noch zu den bevorzugten Freizeitvergnügen. Das bundesdeutsche Nachkriegskino führt die Ufa-Tradition des unpolitischen Unterhaltungsfilms fort. In rascher Folge entstehen harmlose Liebes-, Heimat- und Historienfilme. Die Produktionen nach Büchern von Erich

> Auch in diesem Unterhaltungsfilm ist der sozialkritische Unterton des Moralisten Erich Kästner nicht zu überhören: Elternpflicht, Freundschaft trotz sozialer Gegensätze. ... Obwohl es sich hier um keinen überragenden Kinderfilm handelt, spricht der Streifen doch durch seine saubere Gestaltung, das muntere Spiel der jugendlichen Darsteller und seine bedenkenswerte Gesinnung an.
> *Aus Filmbegutachtungskommission für Jugend und Schule,*
> *Berlin 1953 über ›Pünktchen und Anton‹*

Kästner zählen dabei noch zu
den anspruchsvolleren. Allein
zwischen 1950 und 1957 haben sieben Filme nach seinen
Werken Premiere. Außer für
›Pünktchen und Anton‹ (1953)
und ein Remake von ›Emil
und die Detektive‹ (1954)
schreibt er die Drehbücher
selbst. Die Handlungen von

97 Schlangestehen nach einem Autogramm des berühmten Autors, 1954 in Wien

›Das doppelte Lottchen‹ (1950), ›Die verschwundene Miniatur‹ (1954), ›Das fliegende Klassenzimmer‹ (1954), ›Drei Männer im Schnee‹ (1955) und ›Salzburger Geschichten‹ (1956, nach ›Der kleine Grenzverkehr‹) entsprechen weitgehend den Buchvorlagen. Einige inhaltliche Änderungen sind nötig, weil man immer die ganze Familie als Zuschauer gewinnen möchte. So schwächt Kästner etwa seine pädagogischen Intentionen ab und fügt kleine Liebesgeschichten ein, wie zum Beispiel im ›Fliegenden Klassenzimmer‹. Manchmal übernimmt er selbst die Rolle des verschmitzt lächelnden Buchautors oder spricht die Kommentare im Hintergrund. Großartige Schauspieler wie Paul Dahlke als armer Millionär in ›Drei Männer im Schnee‹ und versierte Regisseure wie der als Spezialist für den heiteren Familienfilm geltende Kurt Hoffmann tragen mit dazu bei, daß jede der Produktionen ein Erfolg wird. Selbst als sich in den sechziger Jahren das Fernsehen gegen das Kino durchsetzt, kommt diese Entwicklung den Kästnerfilmen zugute. Bis heute liest man die Titel der Happy-End-Streifen aus den fünfziger Jahren mit großer Regelmäßigkeit in den Programmzeitschriften. Bezeichnenderweise finden Kästners kritische Bücher erst viel später einen Produzenten: ›Die Konferenz der Tiere‹ 1969 und ›Fabian‹ 1980.

98 Der Autor während der Filmaufnahmen zu ›Das fliegende Klassenzimmer‹, 1954

99 Gründungsfeier der Internationalen Jugendbibliothek in München, 1949; rechts hinter Kästner sein Freund Werner Buhre.

Als einer der prominentesten deutschsprachigen Schriftsteller ist Erich Kästner ein begehrter Repräsentant der literarischen, insbesondere der kinderliterarischen Öffentlichkeit. Auf seinem Schreibtisch häufen sich Einladungen und Anfragen: Kästner fühlt sich durch die öffentliche Aufmerksamkeit ein Stück weit entschädigt für die »verlorenen« Jahre des Schweigens im Dritten Reich und nutzt die Gelegenheiten manchmal zu kaum verhülltem Eigenlob oder persönlicher Rechtfertigung, fast immer aber zu moralischen Appellen an die Allgemeinheit. Häufig äußert er sich auch zu theoretischen Aspekten der Kinder- und Jugendliteratur: über die speziellen Eigenheiten von Kinderbuchautoren zum Beispiel, über den Wert »guter« Lektüre und die Lesegewohnheiten junger Menschen. Modern sind seine Ansichten über Kindermedien. Er fordert, daß Theater, Film, Rundfunk und Fernsehen die Bedürfnisse von Kindern und Jugendlichen stärker berücksichtigen. Konservativ wirken dagegen seine moralischen Wertvorstellungen. Im Vergleich zu seiner eigenen Generation scheint ihm die Jugend der Gegenwart gefährdet: Der »Schwund des Respekts, der Verlust der Ehrfurcht und der aufrechten Demut sind Wetteranzeichen einer Katastrophe, die verhütet werden muß.«

Das nationalsozialistisch unbelastete literarische Deutschland vertritt Kästner im PEN. Zur ersten internationalen Ta-

PEN ist die Abkürzung für ›Poets, Essayists, Novelists‹. Der internationale Dichter- und Schriftstellerverband wird 1921 in London gegründet. In rascher Folge entstehen in zahlreichen Ländern nationale Zentren. Ziel des PEN ist es, zum Frieden und kulturellen Austausch beizutragen und gegen Zensur und Unterdrückung zu protestieren. Die 1923 ins Leben gerufene erste deutsche Sektion wird im November 1933 aufgelöst.

> Man sperrte sich, als habe das ganze deutsche Volk, samt den Wächtern der Konzentrationslager, den Antrag gestellt, in den PEN-Club aufgenommen zu werden, während es doch ... um Schriftsteller ging, die im und unterm Dritten Reich nicht weniger gelitten hatten als andere europäische Kollegen. Vercors, einer der französischen Delegierten, warf unseren antifaschistischen Schriftstellern vor, daß sie lediglich geschwiegen hätten, statt gegen das Regime offen das Wort zu ergreifen. Nun, wenn sie das getan hätten, dann hätte man sich im Züricher Kongreßhaus über ihre Aufnahme in den PEN-Club nicht mehr den Kopf zu zerbrechen brauchen ...
> *Aus ›Reise in die Gegenwart‹, Juni 1947*

gung des Verbandes lädt man ihn 1947 zusammen mit Ernst Wiechert und Johannes R. Becher nach Zürich ein. Dort wird heftig über die Neuzulassung einer deutschen Sektion diskutiert. Die Vertreter Frankreichs werfen den deutschen Teilnehmern vor, gegenüber dem nationalsozialistischen Regime nicht genügend Widerstand geleistet zu haben. Thomas Mann, der Star des Kongresses, verteidigt die deutschen Schriftsteller und tritt vor allem auch für Kästner ein, ungeachtet dessen polemischer Attacke gegen ihn aus dem Vorjahr. Als sich 1949 in Göttingen ein gesamtdeutsches PEN-Zentrum konstituiert, übernehmen Kästner und Becher gemeinsam das Präsidium. Bereits 1950 gibt es ernsthafte Querelen. Eine Gruppe westdeutscher Autoren unter maßgeblicher Beteiligung Kästners betreibt daraufhin die Spaltung, weil der Club ihrer Ansicht nach immer mehr unter kommunistische Kontrolle gerät. Ende 1951 kommt es zum endgültigen Bruch. Erich Kästner wird Präsident des westdeutschen PEN-Zentrums. 1962 tritt er aus gesundheitlichen Gründen nicht mehr zur Wahl an. 1965 ernennt man ihn zum Ehrenpräsidenten.

Seit den fünfziger Jahren häufen sich nationale und internationale Auszeichnungen für Kästners literarisches und kinderliterarisches Werk. Der bedeutendste ist der Georg-Büchner-Preis, der ihm 1957 verliehen wird. In seiner Dankesrede verrät

100 Verleihung des Büchner-Preises an Kästner, 1957

101 Titelillustration von Chaval zu ›Die Schule der Diktatoren‹, 1956

Kästner auch etwas vom inneren Zwiespalt jener Jahre. Er freut sich über die Auszeichnung, fragt sich aber, ob er möglicherweise nicht kritisch genug war, wenn ihn Institutionen einer Gesellschaft ehren, deren Mißstände er immer aufzeigen wollte.

Diese Zweifel teilen manche seiner Leser. Wie dem Journalisten Rudolf Walter Leonhardt fällt es ihnen schwer, in dem Vielgeehrten »ihren Kästner« wiederzuerkennen. Doch es gibt ihn noch, wenngleich er immer stärker in den Schatten des freundlichen Unterhaltungsschriftstellers rückt. Für Kästner selbst ist das Theaterstück ›Die Schule der Diktatoren‹ von 1956 seine wichtigste Arbeit der Nachkriegszeit. Erste Gedanken dazu hat er noch während des Dritten Reiches heimlich notiert,

STADTKOMMANDANT: Und was halten Sie von dem Worte Charakter?
INSPEKTOR: Es stammt aus den Lesebüchern, wie so manches Unheil. Charakter ist ein feineres Wort für Sentimentalität. Ein sehr schädliches Wort. Es kostümiert ein Laster als Tugend. Es ist schuld an den Katastrophen, die den Machtwechsel zu begleiten pflegen.

Aus ›Die Schule der Diktatoren‹, 1956

immer in Furcht vor einer möglichen Entdeckung. Nach den unter Pseudonymen publizierten Lustspielen ist es das erste und bleibt auch das einzige Bühnenstück, das unter seinem wirklichen Namen erscheint. 1957 wird es unter der Regie von Hans Schweikart in den Münchner Kammerspielen uraufgeführt. Daß es nicht mehr als ein Achtungserfolg wird, liegt auch am Zeitpunkt der Premiere. Die Menschen wollen nichts hören und sehen von Krieg und Diktatur, sie verdrängen ihre jüngste Vergangenheit. Aber auch der kritischen Generation der siebziger Jahre wird das Werk nicht viel sagen, weil es keine Antworten auf ihre Fragen nach Ursachen und Wirkungen des Faschismus gibt. Kästner nennt das sperrige Stück im Untertitel »Komödie«, treffender ist es wohl als »Mischung aus Groteskem, Komischem und verfehlter Tragik« (Hans Wagener) zu bezeichnen. Auf die üblichen Mittel dramatischer Gestaltung wird bewußt verzichtet, um die Unmenschlichkeit der Figuren zu betonen. Die Personenrede ist sentenzenhaft, der Ablauf statisch, der Diktator eine beliebig austauschbare Marionette, die lächerlich statt dämonisch wirkt. Einem Menschen mit Moral ist es unmöglich, in einem System ohne Moral Gehör zu finden – diese Aussage bildet den Kern des Stücks. Wie die Herrscherclique ihre Macht legitimiert und aufrecht erhält, bleibt dagegen unklar. Der Autor blickt nicht unter die Oberfläche. Trotz makabrer Szenen zeigt er eine harmlose Operettendiktatur, die kein wirkliches Erschrecken erzeugt.

Nicht nur mit literarischen Mitteln, sondern auch mit persönlichem Engagement streitet Kästner in der Nachkriegszeit

> Ruhm und Ehren, Ämter und Würden haben aus Erich Kästner in den letzten Jahren einen repräsentativen *grand old man of letters* gemacht – einen Mann mit Frack und Terminkalender, wenig Zeit und vielen Pflichten, geheimer Telephonnummer und öffentlichen Auszeichnungen. Ob es – fragen sich manche – der Präsident des PEN-Clubs und Inhaber des Büchner-Preises, der Träger des Großen Bundesverdienstkreuzes, der an Stelle von frech broschierten Versen jetzt sieben stattlich aufgemachte Bände ›Gesammelte Schriften‹ vorweisen kann, ob er es beispielsweise noch fertigbrächte, denjenigen, die sich ihn als Festredner bestellen, etwas aus seinen eigenen Gedichten vorzulesen – den ›Hymnus an die Zeit‹ etwa (›Wem Gott ein Amt gibt, raubt er den Verstand ...‹) oder ›Die Zunge der Kultur reicht weit ...‹?
>
> *Rudolf Walter Leonhardt, 1959*

102 Am 18. April 1958 spricht Kästner in München im Zirkus Krone auf einer Kundgebung gegen die Atomrüstung.

für Pazifismus und Antimilitarismus. Mit der Gründung der Bundesrepublik beginnt 1949 ein kontinuierlicher Prozeß der Remilitarisierung und Wiederaufrüstung. Parlamentarischer und außerparlamentarischer Proteste ungeachtet, erfolgt 1954 die Aufnahme in die NATO, 1955 wird die Bundeswehr gegründet und 1956 die Wehrpflicht eingeführt. Als die Regierung jedoch die Ausrüstung der Bundeswehr mit Atomwaffen plant und im März 1958 auch beschließt, formiert sich massiver Widerstand von Oppositionspolitikern, Wissenschaftlern, Künstlern und Schriftstellern. Auf Plakaten des Aktionskomitees ›Kampf dem Atomtod‹ stehen unter den 70 Namen zum Beispiel auch die von Ingeborg Bachmann, Wolfgang Koeppen, Martin Walser und Erich Kästner. In den folgenden Jahren beteiligt Kästner sich an Mahnwachen und Ostermärschen; er unterzeichnet Appelle gegen Aufrüstung, Kriege und die Verjährung von Naziverbrechen und verfaßt noch 1968 einen Text für die Demonstranten gegen den Vietnamkrieg, in dem er die Teilnehmer auffordert: »Bleiben Sie unerbittlich und vernünftig.« Entsetzt reagiert Kästner, als er von einer Bücherverbrennung im Herbst 1965 erfährt, die eine christliche Jugendgruppe in Düsseldorf unter »Absingung frommer Lieder«

Eine unliterarische Antwort
»Woran arbeiten Sie?« fragt ihr?
»An einem Roman? An *mir*.«

> Unsere Heerführer und deren Wortführer marschieren, wie Kinder nun einmal sind, munter Trompete blasend an der Tête der amerikanischen Wachtparade immer geradeaus. Sie merken in ihrem Feuereifer, in ihrem Atomfeuereifer, gar nicht, daß die Wachtparade um die Ecke biegen will. Daß die womöglich schon um die Ecke gebogen ist. Werden sich die Kinder umdrehen? Und werden sie sich dann – umschauen? ...
>
> Unser friedlicher Streit für den Frieden geht weiter. Im Namen des gesunden Menschenverstands und der menschlichen Phantasie. Resignation ist kein Gesichtspunkt.   *Aus ›Ostermarsch 1961‹*

pressewirksam am Rheinufer inszeniert. Den Flammen werden Groschenheftchen und Comics geopfert, aber auch Werke der Weltliteratur und – wieder einmal – Bücher von Erich Kästner. Fast noch mehr erschüttert ihn, daß Polizei und Ordnungsamt die Aktion genehmigt haben und der Oberbürgermeister der Stadt von einem »Dummerjungenstreich« spricht.

Erich Kästner ist auf vielfältige Weise in der deutschen Gesellschaft der fünfziger und sechziger Jahre präsent: als Festredner, Preisträger, Moralist, Pazifist, Journalist, Drehbuchschreiber, Kabarettist und Kinderbuchautor – kaum aber als zeitgenössischer Dichter. Es gelingt ihm nicht, Anschluß an die Literatur der Nachkriegszeit zu finden. 1946 versichert er noch, »Stoff für zwei Romane und drei Theaterstücke« in den »Schub-

Auszeichnungen und Ehrungen
1951	Deutscher Filmpreis für das Drehbuch zu ›Das doppelte Lottchen‹
1956	Literaturpreis der Stadt München
1957	Georg-Büchner-Preis, Darmstadt
1959	Großes Bundesverdienstkreuz
1960	Hans-Christian-Andersen-Medaille des Internationalen Kuratoriums für das Jugendbuch, Luxemburg
1963	Japanischer Jugendliteraturpreis
1965	Ehrenpräsident des PEN-Clubs der Bundesrepublik
1966	Erster Preis im internationalen Humoristenwettbewerb einer bulgarischen Jugendzeitschrift
1967	Ernennung zum Ehrenstenographen des Österreichischen Stenographenverbandes
1968	Literaturpreis Deutscher Freimaurer, Kassel
1969	Ehrenmitglied der Internationalen Jugendbibliothek
1969	Ehrenmitglied der Wilhelm-Busch-Gesellschaft, Hannover
1970	Kultureller Ehrenpreis der Stadt München
1974	Goldene Ehrenmünze der Stadt München

fächern« seines »Gehirns« bereitliegen zu haben. Ein nach der ›Schule der Diktatoren‹ begonnenes Drama – ›Die Eiszeit‹ – und eine Erzählung bleiben unbeendet. Als einziges Prosawerk für erwachsene Leser nach 1945 gibt Kästner 1961 eine Überarbeitung seines Tagebuchs aus der Zeit vom 7. Februar bis 2. August 1945 heraus. In ›Notabene 45‹ schildert er seine letzten Wochen in Berlin, die abenteuerliche Film-Expedition nach Mayrhofen, den Aufenthalt dort, das Ende des Krieges und die ungewisse Wartezeit in Tirol und Bayern. Der Reiz dieser Protokolle liegt in dem beschränkten, aber genauen Blick auf die Details. Das globale Kriegsgeschehen wird auf Einzelschicksale, persönliche Meinungen, Alltagserlebnisse und Anekdoten fokussiert. Kästner erweist sich als scharfer Beobachter der Lebens- und Überlebensstrategien mehr oder weniger hilfloser Menschen in einer aus den Fugen geratenen Welt. Im Vorwort gesteht er mit kleinbürgerlicher Redlichkeit sein literarisches Scheitern ein. Einen großen Roman habe er schreiben wollen. »Aber ich habe ihn nicht geschrieben. Ich kapitulierte aus zwei Gründen. Ich merkte, daß ich es nicht konnte. Und ich merkte, daß ich's nicht wollte. Wer daraus schlösse, ich hätte es nicht gewollt, nur weil ich es nicht konnte, der würde sich's leichter machen, als ich es mir gemacht habe.«

Letzte Liebe, späte Vaterschaft

»Ich möchte endlich einen Jungen haben«

Die Frauen bleiben auch im Leben des berühmten Autors ein schwieriges Thema. Mit dem Tod der Mutter endet 1951 Kästners längste und intensivste Bindung. Allerdings war ihr täglicher Postkontakt bereits im Chaos der letzten Kriegs- und ersten Nachkriegsmonate nicht mehr aufrechtzuerhalten gewesen. Im Februar 1945 erreicht ein Wäschepaket aus Dresden seinen Empfänger in Berlin nicht. Kästner schreibt der Mutter: »Lottchen wäscht gerade Taschentücher, weil sie alle schmutzig sind. Es ist eben Krieg.« – An die Stelle der Mutter tritt Luiselotte Enderle. Sie hat Kästner nach seiner Ausbombung im Januar 1944 in ihrer Wohnung aufgenommen, und mit ihr lebt er – von wenigen Unterbrechungen abgesehen – die verbleibenden 30 Jahre seines Lebens zusammen. Fotos zeigen eine attraktive, emanzipiert wirkende Frau, keineswegs ein Hausmütterchen. Doch wenn Kästner – selten genug – »Lottchen« überhaupt erwähnt, dann ist sie zumeist mit praktischen Dingen des Alltags beschäftigt. Schon als junge Volontärin in Leipzig hat Enderle hinter dem frechen

104 Luiselotte Enderle, hier Anfang der fünfziger Jahre als stellvertretende Chefredakteurin einer Münchner Illustrierten

◀ 103 Erich Kästner im Garten seines Hauses im August 1970

Kollegen den verletzlichen, schutzbedürftigen Mann entdeckt. Die erfolgreiche Journalistin und Chefredakteurin übernimmt die Rolle der Beschützerin und bleibt ihr lebenslang treu, als Partnerin, Biographin, Herausgeberin von Briefen und Anekdoten. Über seinen Tod hinaus präsentiert sie der Öffentlichkeit ein makelloses Kästnerbild und wahrt seine Geheimnisse.

Wie innig die Beziehung zwischen Luiselotte Enderle und Erich Kästner auch gewesen sein mag, seine grenzenlose Sehnsucht erfüllt sie nicht. Wieder einmal erfährt er, »daß es nicht die Liebe ist«. In seinem wohl melancholischsten Gedicht, ›Kleines Solo‹ von 1947, heißt es unter anderem: »Träumst von Liebe. Glaubst an keine. / Kennst das Leben. Weißt Bescheid. / Einsam bist du sehr alleine – / und am schlimmsten ist die Einsamkeit zu zweit.« Ehe und Familie sind für ihn jedoch nie Alternativen zum Alleinsein gewesen. Bereits 1929 hat er festgestellt: »Die möblierten Herrn aus allen Ländern / stehen fremd und stumm in ihrem Zimmer. / Nur die Ehe kann den Zustand ändern. / Doch die Ehe ist ja noch viel schlimmer.« Eine glückliche Verbindung zwischen Mann und Frau hält er für so unwahrscheinlich, daß er damit allenfalls seine Märchen für Erwachsene schmückt. In anderen Werken vertritt er immer wieder vehement die Überzeugung: »Die Familie liegt im Sterben.« Vermutlich erinnert sich Kästner der freudlosen Verbindung der Eltern, wenn er in seinen Gedichten die bedrückende Atmosphäre von Mißtrauen, Haß und Schweigen zwischen langjährigen Ehepartnern beschreibt: »Man spricht durch Schweigen. Und man schweigt mit Worten. / Der Mund läuft leer. / Die Schweigsamkeit besteht aus neunzehn Sorten / (wenn nicht aus mehr).«

Erich Kästner fühlt sich von Frauen angezogen und zugleich abgestoßen, er möchte lieben und geliebt werden, doch die Angst, enttäuscht oder vereinnahmt zu werden, ist stets zu

---

Da saßen wir nun. ... Kästner und Ohser blickten betreten vor sich hin.
Und ich schaute Kästner an. Zum erstenmal mit anderen Augen. Immer hatte ich mich von ihm attackiert gefühlt. An diesem Abend sah und verstand ich etwas Neues: Auch er brauchte Schutz. Wenigstens den Schutz seiner Freunde.
Luiselotte Enderle erinnert sich 1959 an den Abend im Frühjahr 1927 in Leipzig, als Ohser und Kästner während einer gemeinsamen Feier gestehen, daß sie entlassen sind.

> Hochgescheucht von aufgetauten Lüsten,
> tausendschößig, züngelnd, krank vor Gier,
> Bäuche schwenkend und behängt mit Brüsten
> wie ein einziges, monströses Tier,
> wälzte es sich näher, schwoll und schäumte,
> troff und schrie, versessen aufs Versäumte
> und mit tollen Augen, die nichts sah'n!
> Brausend sank der Traum auf den, der träumte,
> sich ans Herz griff und erstickend bäumte –
> so geschah's, ihr Herrn. So starb Don Juan.
>
> *Aus ›Don Juans letzter Traum‹, 1949*

übermächtig: »Es gibt auf der Welt überhaupt nichts Gefährlicheres als junge Mädchen ... Sie gleichen Löwen, die einen Menschen streicheln wollen und dabei versehentlich in Stücke reißen.« Dieser innere Zwiespalt durchzieht sein Werk. Nur sehr wenige Autoren haben derart kompromißlos versucht, weibliches Empfinden darzustellen, wie Erich Kästner. Aber auch nur wenige haben so verächtlich über Frauen geschrieben wie er. Das Gedicht ›Don Juans letzter Traum‹ gleicht einem Abgesang auf ein an sexuellen Erlebnissen überreiches, aber trotzdem unerfülltes Leben. Es erscheint zuerst Anfang 1949. Doch dieser Schlußpunkt erweist sich im Hinblick auf den Autor als voreilig. Im selben Jahr, in dem er auch seinen 50. Geburtstag feiert, lernt Erich Kästner die dreiundzwanzigjährige Friedel Siebert kennen. Das 20 Jahre dauernde Verhältnis verwandelt den alternden Mann in einen stolzen, zärtlichen Liebhaber. Am 15. Dezember 1957 wird ihr gemeinsamer Sohn Thomas in München geboren. Zwar hat Kästner schon in einem frühen Gedicht seinen Kinderwunsch thematisiert, aber die Vaterrolle ist ihm doch ziemlich unvertraut, auch weil ihm ein Vorbild fehlt. Emil Kästner war von seiner Frau immer daran gehindert worden, sich an der Erziehung »ihres Jungen« zu beteiligen. Aus diesem Gefühl des Defizits

105 Friedel Siebert, Kästners Geliebte und die Mutter des Sohnes Thomas

106 Emil Kästner besucht seinen Sohn in München, 1956

sind später wohl die überidealisierten literarischen Wunschväter Kästners entstanden. Am prägnantesten ist die Figur des gerechten Doktor Bökh aus dem ›Fliegenden Klassenzimmer‹. Nach Ida Kästners Tod entwickelt sich ein herzlicher, enger Kontakt zwischen Emil und Erich Kästner. Silvester 1957 – gut zwei Wochen nach der Geburt von Thomas – stirbt Emil Kästner im Alter von 90 Jahren in Dresden.

Erich Kästners letzte Kinderbücher verraten, daß der vernünftige Aufklärer zu träumen begonnen hat. Die Geschichten vom ›Kleinen Mann‹, die er zuerst seinem Sohn vor dem Einschlafen erzählt, handeln von einer sehr innigen, von Freundschaft und Gleichberechtigung geprägten Beziehung zwischen dem fünf Zentimeter kleinen Mäxchen Pichelsteiner und seinem Ziehvater, dem Zauberkünstler Professor Jokus von Pokus. Sie handeln auch von der Liebe des Professors zu der entzükkenden Rosa Marzipan, die ganz mühelos erotische Anziehungskraft mit Hausfrauenqualitäten vereint. Und sie münden schließlich in ein gemeinsames, glückliches Familienleben in der »Villa Sorgenklein« im Tessin. Doch mit 60 lassen sich Träume noch schwerer verwirklichen als in jüngeren Jahren. Besonders schwer fällt es jemandem wie Erich Kästner, der einen eigentümlichen Gerechtigkeitssinn besitzt, äußerst harmoniebedürftig ist und Gewohnheiten höchst ungern aufgibt. Gerade weil er niemandem weh tun will, verletzt er alle Beteiligten sehr. Luiselotte Enderle gesteht er erst drei Jahre nach der Geburt von Thomas seine Vaterschaft. Entgegen Kästners Erwartung sind die beiden Frauen nicht bereit, sich zu »arrangieren«.

107 Friedel Siebert mit dem Sohn Thomas. Er trägt ab 1964 den Nachnamen seines Vaters.

Und so entpuppt sich der Traum vom Familienglück als alptraumhafte Zerreißprobe zwischen drei Erwachsenen und einem Kind. Kästner schafft es nicht, sich zwischen Geliebter und Gefährtin, zwischen familiärer Verantwortung und Unabhängigkeit zu entscheiden. Vielleicht will er es auch nicht. Zusätzlich erschwert wird die Situation durch seine Krankheit.

Während einer Lesung in Wien erleidet Kästner im November 1961 einen schweren Ischiasanfall. Bei anschließenden Untersuchungen in einer Münchner Klinik wird bei ihm Tuberkulose festgestellt. Die Ärzte raten zu einem längeren Aufenthalt im Süden, und Kästner entscheidet sich für ein Sanatorium im Tessin. Von Januar 1962 bis Mai 1963, von Januar bis August 1964 und noch einige Wochen im Frühjahr 1966 hält er sich in Agra am Luganer See auf. Er kommt in eine großartige Landschaft mit üppiger Vegetation, die er als sehr beruhigend empfindet. Im weitläufigen Klinikpark blühen im Frühjahr Kamelien und Magnolien, und »Zypressen stäuben gelbe Blütenwolken«.

In dieser ›Zauberberg‹-Atmosphäre muß Kästner das viel Geduld erfordernde Programm mit Liegekur, Temperaturmessen, Gewichtskontrollen und steten Untersuchungen absolvieren. Sobald sich sein Befinden etwas bessert, nimmt er seine üblichen Gewohnheiten wieder auf. Daß diese den Regeln des Sanatoriums teilweise deutlich widersprechen, kümmert ihn wenig. Kästners persönliche Unvernunft ist weit entfernt von der moralischen Vernunft seiner literarischen Werke. Mit Alkohol betäubt er seit langem seine Verbitterung über die gesell-

> Agra,
> Freitag, 31. Jan. 64
>
> Meine Doppelschätze,
> diesmal wollen sie's hier aber ganz genau wissen! Heute ist der dritte Tag, dass man mich 8h morgens aus dem Bett scheucht und bis gegen Abend untersucht, röntgt, Blut abzapft, Injektionen macht etc. Der Chefarzt hat mir zunächst alles untersagt. Radikal. Nur von 12.30 bis 13h und von 16 bis 16.30 darf ich vor die Sanatoriumstür treten. Na, da komm ich gerade bis zum Toni und zurück! ...
>
> Das Rauchen wollen sie mir auch gründlichst abgewöhnen. Mit irgend einem chemischen Mittel. Arbeiten soll ich auch nicht. Nur liegen und nichtstun. Du liebe Güte! Das kann ja fesch werden! ...
>
> Tausend Küsse
> von Eurem betrübten
> Erich und Papa

schaftliche Wirkungslosigkeit seines Schreibens, seine innere Leere und seine Sehnsucht. Die Zigaretten läßt sich der Kettenraucher auch als Lungenkranker nicht verbieten. Dank seines Charmes und seiner großzügigen Trinkgelder findet er überall Helfer, die ihm Whisky im Teeglas servieren, seine Taschenflasche regelmäßig füllen und ihm Bierkästen aufs Zimmer schmuggeln. Aber auch ohne Arbeit hält er es nicht lange aus. Ab April 1962 sitzt er regelmäßig im altmodischen Kursaal von Lugano, dessen plüschig-gediegener Stil an Grandhotels der Vergangenheit erinnert. Hier schreibt er unter anderem das Drehbuch zu ›Liebe will gelernt sein‹ nach seinem Lustspiel ›Zu treuen Händen‹, den Kinderroman ›Der kleine Mann‹, ein Bühnenstück nach ›Emil und die drei Zwillinge‹ und Liebesbriefe an seine »Doppelschätze« Friedel und Thomas Siebert. Da die wichtigen Angelegenheiten telefonisch geregelt werden, kann er sich ganz auf verspielte Neckereien, phantasievolle Kosenamen, erotische Zweideutigkeiten für die Geliebte und lustige Anekdoten für den Sohn konzentrieren. Wie früher den Briefen an die Mutter legt er jetzt auch diesen launigen Billetts meist »Scheinchen« für den kleinen Luxus bei. Für Abwechslung sorgen auch zahlreiche Besucher, die Lebensgefährtin, die Geliebte und der Sohn, seine Sekretärinnen, Freunde und Verleger. Ein häufiger Gast ist der Zeichner Horst Lemke, der nicht weit entfernt in Brione wohnt. Er illustriert seit dem Tod von Walter Trier Kästners Kinderbücher. Durch die gemeinsame Arbeit an dem ›Kleinen Mann‹ entwickelt sich ein freundschaftlicher Kontakt zwischen ihnen.

24.4.62
Mein Voltschogelkatz, nein, mein Schaltkogelvorsicht, mein Goldvogelschatz,
mein Herr Pfeifer, Tänzer und Vorturner,
meine ›Anna und Eva im Paradies‹,
meine Lieblinge,
  heute früh 1/2 8 aus den Federn, ins Laboratorium, wegen Blutbild etc. Und jetzt – ich schau grad auf die Uhr – bist Du beim Zahnarzt, wenn ich mich nicht irre. O je o je, hoffentlich gibt's keine zu grossen Schmerzen!
...

                                    Viel Backenküsse!
                                        Dein Erich
                                     und der Papa

In den Phasen, die Kästner zwischen seinen Aufenthalten im Tessin in Deutschland verbringt, verharrt er in seiner zaudernden Haltung. Friedel Siebert zieht mit ihrem Sohn von München nach Berlin, Kästner lebt eine Zeitlang bei ihnen, das Familienexperiment scheitert. Als er 1966, wenn nicht völlig geheilt, so doch mit einem befriedigenden Befund die Schweiz verläßt, kehrt er zu Luiselotte Enderle nach München zurück. Friedel Siebert löst die Beziehung 1969 endgültig.

Es folgen ruhige Jahre im Haus am Herzogpark. Zu seinem 70. Geburtstag versinkt Kästner beinahe in Glückwünschen, Blumen und Präsenten. Er nimmt Einladungen zu Lesungen im In- und Ausland an. Eine Ausstellung des Goethe-Instituts über sein Leben und Werk wird in Europa, Amerika und Japan gezeigt. 1972 wird seine Promotionsschrift gedruckt, und seine Bücher werden jetzt selbst Gegenstand von Doktorarbeiten. Kästner wird häuslich, sein Stammplatz im Café bleibt leer. Schweigsam sitzt er meist am Fenster mit dem schönen Gartenblick. Ob er während der langen stillen Tage über sein Leben nachsinnt? Über sein Leben als Zuschauer, der sich selbst und allen, die ihn kennen, immer ein wenig fremd ist? Über sein Leben als berühmter Autor, der trotzdem ein Stück weit Kind und Kleinbürger bleibt? Vielleicht denkt er auch an die Figuren seiner Bücher. An die Doppelgänger, Hochstapler und Zwillinge, die sich in verkehrten Welten zurechtfinden und im verwirrenden Lebensspiel zwischen Sein und Schein, Wirklichkeit und Illusion behaupten müssen. Kurze Zeit nach seinem 75. Geburtstag klagt Kästner über Appetitlosigkeit, Mattigkeit und Schluckbeschwerden. Als er erfährt, daß er an Speiseröhrenkrebs leidet, lehnt er eine Behandlung ab. Am 25. Juli läßt Luiselotte Enderle den völlig Geschwächten ins Krankenhaus einliefern. Am 29. Juli 1974 morgens um halb sieben stirbt Erich Kästner.

108 Kästners Grab auf dem Friedhof St. Georg in München-Bogenhausen

Zeittafel

1899 Erich Emil Kästner wird am 23. Februar in Dresden als Sohn des Sattlermeisters Emil Kästner und seiner Frau Ida geboren
1906 Einschulung
1913 Besuch des Lehrerseminars in Dresden
1917 Einberufung zum Militärdienst
1919 Kriegsabitur am König-Georg-Gymnasium. Studienbeginn in Leipzig
1920 Erste Gedichte in der Anthologie ›Dichtungen Leiziger Studenten‹
1921 Studiensemester in Rostock und Berlin
1922 Redakteur der Magazine des ›Leipziger Tageblatts‹
1925 Promotion zum Doktor der Philosophie
1926 Redakteur für Politik und Feuilleton bei der ›Neuen Leipziger Zeitung‹. Trennung von seiner langjährigen Freundin Ilse Julius
1927 Umzug nach Berlin. Theaterkritiker und freier Mitarbeiter unter anderem für ›Weltbühne‹, ›Tage-Buch‹, ›Montag Morgen‹, ›Vossische Zeitung‹, ›Neue Leipziger Zeitung‹
1928 ›Herz auf Taille‹ (Gedichte). Einstellung von Elfriede Mechnig als Sekretärin
1929 ›Lärm im Spiegel‹. ›Emil und die Detektive‹. ›Leben in dieser Zeit‹ (Musik: Edmund Nick). Bekanntschaft mit Hermann Kesten. Erste eigene Wohnung in der Roscherstraße 16
1930 ›Ein Mann gibt Auskunft‹. ›Arthur mit dem langen Arm‹ und ›Das verhexte Telefon‹ (Illustrationen: Walter Trier). ›Emil und die Detektive‹ (Bühnenstück)
1931 ›Fabian‹. ›Pünktchen und Anton‹ (Buch und Bühnenstück). ›Emil und die Detektive‹ (Drehbuch mit Emmerich Preßburger und Billy Wilder). Liedtexte für den Film ›Die Koffer des Herrn O. F.‹. ›Dann schon lieber Lebertran‹
1932 ›Gesang zwischen den Stühlen‹. ›Der 35. Mai oder Konrad reitet in die Südsee‹
1933 Bücherverbrennung. ›Das fliegende Klassenzimmer‹. Publikationsverbot in Deutschland. Wechsel zu einem Schweizer Verlag.
1934 ›Drei Männer im Schnee‹, als Bühnenstück: ›Das lebenslängliche Kind‹ (Pseudonym: Robert Neuner). Premiere von ›Frau nach Maß‹ (1938 veröffentlicht. Pseudonym: Eberhard Foerster)
1935 ›Emil und die drei Zwillinge‹
1936 ›Die verschwundene Miniatur‹. ›Doktor Erich Kästners lyrische Hausapotheke‹
1937 ›Verwandte sind auch Menschen‹ (Pseudonym: Eberhard Foerster). Treffen mit Walter Trier in Salzburg
1938 ›Georg und die Zwischenfälle‹ (Ab 2. Auflage 1949: ›Der kleine Grenzverkehr‹). ›Till Eulenspiegel‹. Reise nach London und Besuch bei Walter Trier
1939 ›Das goldene Dach‹ (Pseudonym: Eberhard Foerster). Freundin Herti Kirchner stirbt bei einem Autounfall

1940 ›Seine Majestät Gustav Krause‹ (Pseudonym: Eberhard Foerster). ›Verwandte sind auch Menschen‹ und ›Frau nach Maß‹

1942 ›Münchhausen‹ (Pseudonym: Berthold Bürger). ›Der kleine Grenzverkehr‹ (Drehbuch)

1943 Schreibverbot. Premiere der Filme ›Münchhausen‹ und ›Der kleine Grenzverkehr‹

1944 Verlust der Wohnung durch Bombenangriff. Umzug in die Wohnung von Luiselotte Enderle in der Sybelstraße

1945 Mit Ufa-Filmteam Flucht nach Mayrhofen in Tirol. Umzug nach München. Ab Oktober Leitung des Feuilletons der ›Neuen Zeitung‹ in München (bis März 1946). Texte für das Kabarett ›Die Schaubude‹

1946 Herausgeber der Jugendzeitschrift ›Pinguin‹ (bis 1948). ›Bei Durchsicht meiner Bücher‹. Premiere des ersten aktuellen Programms der ›Schaubude‹. Umzug in die Fuchsstraße. Reise nach Berlin und Dresden

1948 ›Kurz und bündig‹. ›Der tägliche Kram. Chansons und Prosa 1945–1948‹. Uraufführung von ›Zu treuen Händen‹ (von 1943. Pseudonym: Melchior Kurtz)

1949 ›Das doppelte Lottchen‹ und ›Die Konferenz der Tiere‹. Präsident des gesamtdeutschen PEN-Zentrums (zusammen mit Johannes R. Becher). Liebesbeziehung zu Friedel Siebert

1950 ›Das doppelte Lottchen‹ (Drehbuch). ›Der gestiefelte Kater‹

1951 Die Mutter Ida Kästner stirbt in Dresden. ›Münchhausen‹ (Kinderbuch). Eröffnung des Kabaretts ›Die kleine Freiheit‹. Präsident des PEN-Zentrums der Bundesrepublik Deutschland

1952 ›Die kleine Freiheit. Chansons und Prosa 1949–1952‹

1953 Umzug in die Flemingstraße

1954 ›Die Schildbürger‹. Drehbücher zu ›Das fliegende Klassenzimmer‹ und ›Die verschwundene Miniatur‹

1955 ›Die dreizehn Monate‹. ›Drei Männer im Schnee‹ (Drehbuch)

1956 ›Don Quichotte‹. ›Die Schule der Diktatoren‹ (Uraufführung: 1957 in Düsseldorf). ›Salzburger Geschichten‹ (Drehbuch nach ›Der kleine Grenzverkehr‹). Literaturpreis der Stadt München

1957 ›Als ich ein kleiner Junge war‹. Georg-Büchner-Preis. Geburt von Thomas, dem Sohn von ihm und Friedel Siebert. Tod des Vaters Emil Kästner in Dresden

1958 Mitarbeit im Aktionskomitee ›Kampf dem Atomtod‹. Uraufführung von ›Das Haus Erinnerung‹ in München (Dramenfragment von 1940, Erstdruck 1948)

1959 Gesammelte Schriften (7 Bde.)

1961 ›Notabene 45‹. ›Gullivers Reisen‹

1962 ›Das Schwein beim Friseur und anderes‹. Im Sanatorium in Agra im Tessin (bis Mai 1963). ›Liebe will gelernt sein‹ (Drehbuch nach: ›Zu treuen Händen‹). ›Emil und die drei Zwillinge‹ (Bühnenstück)

1963 ›Der kleine Mann‹. ›Let's Face It‹ (Gedichtauswahl in englischer Übersetzung)

1964 Zweiter Aufenthalt in Agra (Januar bis August). Kästner-Ausstellung des Goethe-Instituts in der Internationalen Jugendbibliothek München

1965 Ehrenpräsident des PEN BRD

1967 ›Der kleine Mann und die kleine Miss‹. Gesammelte Schriften für Erwachsene (8 Bde.)

1972 ›Die Erwiderungen auf Friedrichs des Großen Schrift »De la littérature allemande«‹ (Dissertation von 1925)

1974 Tod am 29. Juli in München

Bibliographie

Kästner-Ausgaben, -Teilausgaben und Briefe

Gesammelte Schriften (7 Bde.). Zürich, Berlin, Köln 1959
Gesammelte Schriften für Erwachsene (8 Bde.). München, Zürich 1969
Kästner für Erwachsene. Ausgewählte Schriften in 4 Bänden. Zürich 1983
Erich Kästner: Gemischte Gefühle. Literarische Publizistik aus der ›Neuen Leipziger Zeitung‹ 1923–1933. Hg. von Alfred Klein. 2 Bde. Berlin, Zürich 1989
Kästner anekdotisch. Hg. von Luiselotte Enderle. München 1970
Das große Erich Kästner Buch. Hg. von Sylvia List. Mit einem Geleitwort von Hermann Kesten. München, Zürich 1975
»Mein liebes, gutes Muttchen, Du!« Briefe und Postkarten aus 30 Jahren. Ausgewählt und eingeleitet von Luiselotte Enderle. Hamburg 1981
Briefe an die Doppelschätze. Mit einem Geleitwort von Horst Lemke. Zürich 1995 (zuerst 1977 unter dem Titel: Briefe aus dem Tessin)
Kästner, Erich: Gedichte. CD-Rom. Stuttgart 1998
Kästner, Erich: Seelisch verwendbar. 66 Gedichte, 16 Episoden und 1 Prosaische Zwischenbemerkung. Ausgewählt von Teofila Reich-Ranicki und mit einem Essay von Marcel Reich-Ranicki. München 1998
Kästner, Erich: Interview mit dem Weihnachtsmann. Kindergeschichten für Erwachsene. Hrsg. und mit einem Nachwort von Franz Josef Görtz und Hans Sarkowicz. München 1998
Kästner, Erich: Werkausgabe in 9 Bänden. München 1999

Kommentierte Literatur

Helga Bemmann: Erich Kästner: Leben und Werk. Aktualisierte Neuausgabe. Frankfurt/M., Berlin 1994. (Zuerst unter dem Titel: Humor auf Taille. Erich Kästner – Leben und Werk. Berlin 1983)
Umfangreiche Kästner-Biographie mit Schwerpunkten auf den Leipziger und Berliner Jahren.
Luiselotte Enderle: Erich Kästner in Selbstzeugnissen und Bilddokumenten. Reinbek bei Hamburg 1966 (rororo Bildmonographien)
Von der Lebensgefährtin verfaßte Biographie Kästners, die zum großen Teil auf Auskünften des Autors und gemeinsamen Erfahrungen und Erlebnissen basiert.
Matthias Flothow (Hg.): Erich Kästner. Ein Moralist aus Dresden. Leipzig 1996
Sammelband mit Beiträgen zu verschiedenen Aspekten von Leben und Werk, u. a. zu Kästners Morallehre

und seiner Kinderliteratur; sein Verhältnis zu Kollegen und zu Frauen.

Franz Josef Görtz und Hans Sarkowicz: Erich Kästner. Eine Biographie. München, Zürich 1998
Ausführliche und materialreiche Darstellung von Kästners Lebensweg. Den Autoren standen bislang unzugängliche Dokumente aus Kästners Privatarchiv zur Verfügung.

Helmuth Kiesel: Erich Kästner. (Autorenbücher 26) München 1981
Überblick über Leben und literarisches Werk Kästners.

Klaus Kordon: Die Zeit ist kaputt. Die Lebensgeschichte des Erich Kästner. 2. Aufl. Weinheim 1995
Eine Biographie für Jugendliche, die Kästners Leben im gesellschaftspolitischen Kontext darstellt.

Elisabeth Lutz-Kopp: »Nur wer Kind bleibt ...«. Erich Kästner-Verfilmungen. Frankfurt/M. 1993
Überblick über Literaturverfilmungen und Originaldrehbücher Kästners; Dokumentation der Rezeptionsgeschichte durch Abdruck ausgewählter Rezensionen.

Dieter Mank: Erich Kästner im nationalsozialistischen Deutschland. Frankfurt/M. 1981
Zusammenstellung und Wertung von Kästners literarischen Arbeiten zwischen 1933 und 1945 (»Trivialromane und Kinderbücher« und »Werke für die Schublade«).

Werner Schneyder: Erich Kästner. Ein brauchbarer Autor. München 1982
Eine unkonventionelle Annäherung an den Menschen Kästner auf der Grundlage seines literarischen Werks.

Ingo Tornow: Erich Kästner und der Film. München 1998
Reich bebilderte Dokumentation zum filmischen Schaffen Kästners mit kritischer Würdigung der Rezeption.

Hans Wagener: Erich Kästner (Köpfe des XX. Jahrhunderts) Berlin 1973
Knapper biographischer Abriß und Würdigung der einzelnen Gattungen des literarischen Werks (Lyrik, Drama, Unterhaltungsromane, Komödien, ›Fabian‹, Kinder- und Jugendbücher).

Rudolf Wolff (Hg.): Erich Kästner. Werk und Wirkung. Bonn 1983
Sammelband mit Beiträgen zu den verschiedenen Werkgattungen Kästners: Kinderliteratur, Drama, Kabarett, Prosa, Lyrik

Johan Zonneveld: Erich Kästner als Rezensent 1923–1933. Frankfurt/M. 1991
Ausführliche Analyse von Kästners journalistischem Schaffen sowie umfangreicher Anhang u. a. mit einem chronologischen Verzeichnis der Erstdrucke und Nachweisen verstreuter Veröffentlichungen.

Weitere Literatur

Marianne Bäumler: Die aufgeräumte Wirklichkeit des Erich Kästner. Köln 1984

Walter Benjamin: Linke Melancholie. Zu Erich Kästners neuem Gedichtbuch. In: Gesammelte Werke III, Frankfurt/M. 1972, S. 272–283

Renate Benson: Erich Kästner. Studien zu seinem Werk. Bonn 1973

Kurt Beutler: Erich Kästner. Eine literaturpädagogische Untersuchung. Phil. Diss. Marburg 1966

Klaus Doderer: Erich Kästners ›Emil und die Detektive‹. Gesellschaftskritik in einem Kinderroman. In: Buch, Bibliothek, Leser. Festschrift für Horst Kunze zum 60. Geburtstag. Berlin 1969, S. 477–486

Andreas Drouve: Erich Kästner – Moralist mit doppeltem Boden. Marburg 1993

Birgit Ebbert: Erziehung zu Menschlichkeit und Demokratie. Erich Kästner und seine Zeitschrift ›Pinguin‹ im Erziehungsgefüge der Nachkriegszeit. Frankfurt 1994

Adolf Endler: Provokatorische Notizen über einen Gebrauchslyriker. In: neue deutsche literatur (1963), H. 9, S. 96–108

Dagmar Grenz: Erich Kästners Kinderbücher in ihrem Verhältnis zu seiner Literatur für Erwachsene. In: Literatur für Kinder. Hg. von Maria Lypp. Göttingen 1977, S. 155–169

Sven Hanuschek: Keiner blickt Dir hinter das Gesicht. Das Leben Erich Kästners. München 1999

Karl August Horst: Erich Kästner: Naivität und Vernunft. In: Merkur (1959), S. 1175–1187

Petra Josting: »Die Zeit ist kaputt«. Klaus Kordons Biographie über Erich Kästner. In: Petra Josting und Jan Wirrer (Hg.): Bücher haben ihre Geschichte. Hildesheim 1996, S. 192–204

Britta Jürgs: Neusachliche Zeitungsmacher, Frauen und alte Sentimentalitäten. Erich Kästners Roman ›Fabian. Die Geschichte eines Moralisten‹. In: Sabina Becker und Christoph Weiß (Hg.): Neue Sachlichkeit im Roman. Stuttgart 1995, S. 195–211

EK 1899–1989. Zum 90. Geburtstag Erich Kästners zeigt die Stadt- und Universitätsbibliothek Frankfurt am Main die Sammlung Georg Sauer. Begleitheft hg. von der Gesellschaft der Freunde der Stadt- und Universitätsbibliothek Frankfurt am Main e. V. Frankfurt/M. 1989

Petra Kirsch: Erich Kästners Kinderbücher im geschichtlichen Wandel. Eine literaturhistorische Untersuchung. Phil. Diss. München 1986

Volker Ladenthin: Erich Kästners Roman ›Fabian‹. Ein Literaturbericht. In: Sprachkunst 19 (1988), H. 2, S. 171–188

Volker Ladenthin: Erich Kästners Bemerkungen über den Realismus in der Prosa. In: Wirkendes Wort 38 (1988), S. 62–77

Volker Ladenthin: Die große Stadt bei Erich Kästner. In: Euphorion 90 (1996), H. 3, S. 317–335

Uta Lämmerzahl-Bensel: Erich Kästner. Eine Personal-Bibliographie. Gießen 1938

Helmut Lethen: Neue Sachlichkeit. 1924–1932. Studien zur Literatur des ›Weißen Sozialismus‹. Stuttgart 1970

Gundel Mattenklott: Erich Kästner und die Kinder. In: Erich Kästner. Ein Moralist aus Dresden. Hg. von Matthias Flothow. Leipzig 1996, S 60–72

Walter Pape: »Kein Schöngeist, sondern ein Schulmeister!« Der Aufklärer Erich Kästner. In: Fundevogel 9 (1994), Nr. 112, S. 5–18

Marcel Reich-Ranicki: Erich Kästner, der Dichter der kleinen Freiheit. In: M. R. R.: Nachprüfung. Aufsätze über deutsche Schriftsteller von gestern. München 1977, S. 245–254

Fred Rodrian: Notizen zu Erich Kästners Kinderbüchern. In: neue deutsche literatur (1960), H. 9, S. 117–129

Egon Schwarz: Die strampelnde Seele. Erich Kästner in seiner Zeit. In: Reinhold Grimm und Jost Hermand (Hg.): Die sogenannten Zwanziger Jahre. Bad Homburg, Berlin, Zürich 1970, S. 109–141

Egon Schwarz: Erich Kästner: ›Fabian.
Die Geschichte eines Moralisten.‹ In: Romane des 20. Jahrhunderts. Bd. 1, Stuttgart 1993,
S. 236–258
Gerhard Seidel: Links vom Möglichen. Zur Lyrik Erich Kästners.
In: Sinn und Form (1968),
S. 767–773

Dirk Walter: Zeitkritik und Idyllensehnsucht. Erich Kästners
Frühwerk (1928–1933) als Beispiel
linksbürgerlicher Literatur in
der Weimarer Republik.
Heidelberg 1977
Die Zeit fährt Auto. Ausstellungskatalog Erich Kästner zum
100. Geburtstag. München 1999

Bild- und Zitatnachweis

Agentur für Bilder zur Zeitgeschichte, Berlin 15/Archiv Bibliographia Judaica e. V., Frankfurt am Main 6/Archiv für Kunst und Geschichte, Berlin 13, 17, 18, 34, 102/Atrium Verlag AG, Zürich 43, 45, 46, 47, 48, 50, 51, 69, 71, 86, 90, 91 (dtv, München), 92, 101/Bildarchiv Preußischer Kulturbesitz 53, 68, 72/Bilderdienst Süddeutscher Verlag, München 83, 99, 100, 103/Deutsches Filmmuseum, Frankfurt am Main 58, 75, 98/Deutsches Institut für Filmkunde, Frankfurt 74, 76/Deutsches Kabarett Archiv Reinhard Hippen, Mainz 55/Deutsches Patentamt, Berlin 32/Galerie Nierendorf, Berlin 65/Galleria del Levante, Mailand, München 63/Hanns Hubmann, Kröning 41, 85/Peter Jaeckel, München 53/Erich Kästner Archiv, RA Beisler, München 1, 3, 4, 5, 7, 8, 11, 14, 16, 20, 22, 23, 24, 29, 33, 40, 42, 56, 66, 70, 73, 97, 104/Thomas Kästner, Zürich 105, 107/Landesbildstelle Berlin, Fritz Eschen 25/Sächsische Landesbibliothek, Dresden 10, 87/Sammlung S. und G. Poppe, Hamburg 27/Schiller-Nationalmuseum/Deutsches Literaturarchiv, Marbach am Neckar (4) 38/ Staatliche Museen zu Berlin – Preußischer Kulturbesitz, Nationalgalerie 12; Kunstbibliothek 31/Staatsgalerie Stuttgart 61/Stiftung Deutsche Kinemathek, Berlin 62/Felicitas Timpe, München 93, 95, 107/Sabine Toepffer, München 94/ Ullstein Bilderdienst, Berlin 9, 28, 30, 37, 44, 60, 67, 77, 80, 96/© 1998 VG Bild-Kunst, Bonn 12, 61, 63, 65

Atrium Verlag AG, Zürich © an allen in
Buchform publizierten Texten Erich
Kästners/Marian S. Houston, vertreten
durch RA Beisler © der zitierten Texte
von Hermann Kesten/Erich Kästner
Archiv, RA Beisler, München © der
Muttchen-Briefe/Thomas Kästner, vertreten durch RA Beisler, München ©
der nicht in Buchform veröffentlichten
Texte Erich Kästners

*Leider konnten nicht alle Rechte der hier aufgeführten Abbildungen und Texte ausfindig
gemacht werden. Berechtigte Ansprüche werden selbstverständlich abgegolten.*

Register

Adenauer, Konrad 135
Albers, Hans 43, 105
Ambesser, Axel von 120
Arnheim, Rudolf 87
August der Starke 7
Augustin, Dora 12, 20
Augustin, Franz 12
Augustin, Lina 12, 20
Augustin, Martha 27

Bachmann, Ingeborg 142
Baky, Josef von 104, 129
Baluschek, Hans 45
Bäumler, Marianne 70
Becher, Johannes R. 139
Beethoven, Ludwig van 34
Bergner, Elisabeth 71
Bernhard, Steffa 37, 38
Beyer, Paul 30
Brecht, Bertolt 43, 46, 51, 90, 93, 119
Bronnen, Arnolt 85
Buhre, Werner 59, 110, 113, 138
Bürger, Berthold (alias E. Kästner) 104, 106
Bürger, Gottfried August 104
Busch, Wilhelm 64

Chaplin, Charlie 48

Dahlke, Paul 137
Decke, Hilde 30
Disney, Walt 130
Dix, Otto 83
Döblin, Alfred 82, 85, 87, 93
Dressler, Cecilie 90
Durian, Wolf 62

Eich, Günter 110, 112
Ende, Michael 132
Enderle, Luiselotte 30, 35, 108, 110, 117, 123, 135, 145, 146, 151

Fabian, Emil (alias E. Kästner) 98
Fallada, Hans 81, 85, 87
Feiler, Hertha 106
Feuchtwanger, Lion 48, 59, 85
Finck, Werner 98
Fleißer, Marieluise 81
Flint, Peter (alias E. Kästner) 27
Foerster, Eberhardt (alias E. Kästner) 100

George, Heinrich 71
George, Stefan 50
Gilbert, Robert 134
Goebbels, Joseph 93, 95, 106
Goethe, Wolfgang von 26
Granowsky, Alexis 76, 89
Grosz, George 18, 64, 83, 86
Gründgens, Gustav 97, 107
Gyl, Cara 103

Habe, Hans 117
Hamm, Eugen 59
Hansen, Max 72
Hartlaub, Georg Friedrich 83
Hassenkamp, Oliver 134
Hebbel, Friedrich 29
Hemingway, Ernest 127
Herking, Ursula 120
Hesse, Hermann 80, 87, 127
Hesterberg, Trude 72, 73
Heym, Stefan 119
Hindenburg, Paul 89, 90
Hitler, Adolf 89, 90, 92
Hoerle, Heinrich 83
Hoffmann, Kurt 137
Hofmannsthal, Hugo von 50
Horváth, Ödön von 46
Huchel, Peter 110
Hugenberg, Alfred 74

Jacobsohn, Edith 59, 61, 63, 79, 90, 93
Jacobsohn, Siegfried 48
Jaeckel, Willy 71
Julius, Ilse 35, 36, 37, 88
Jung, Carl Gustav 119

Kafka, Franz 80, 98
Kästner, Emil Richard 8, 9, 10, 12, 14, 22, 27, 78, 91
Kästner, Ida Amalie (geb. Augustin) 7, 8, 9, 10, 12, 13, 14, 16, 20, 22, 27, 29, 31, 36, 37, 38, 39, 40, 67, 75, 78, 89, 91, 97, 103, 108, 109, 113, 123, 124, 132, 145, 146
Katz, Richard 27
Käutner, Helmut 103
Keindorff, Eberhardt 101, 110
Kerr, Alfred 118
Kesten, Hermann 59, 60, 85, 87, 90, 98, 114, 122

Keun, Irmgard   43, 81, 87
Kirchner, Herti   103
Klabund   51, 58
Klein, Alfred   44
Klemperer, Victor   58
Knauf, Erich   31, 59, 108
Knef, Hildegard   134
Koeppen, Wolfgang   110, 112, 142
Kolmar, Trude   134
Köster, Alfred   26, 28
Kracauer, Siegfried   43
Kraus, Karl   7
Krell, Max   30, 31, 33, 71, 92
Krüger, Bum   120
Krüger, Hellmuth   120, 134
Krüss, James   132, 133
Kühl, Kate   72
Kurtz, Melchior (alias E. Kästner)   107

Lampel, Peter Martin   46
Lemke, Horst   66, 132, 150
Leonhardt, Rudolf Walter   140, 141
Lessing, Gotthold Ephraim   25, 26
Lewis, Sinclair   127
Lincke, Paul   7
Lindgren, Astrid   67, 127, 128
Lowitz, Siegfried   120

Mann, Erika   97
Mann, Thomas   93, 97, 98, 115, 116, 127, 133, 139
Marguth, Georg   31, 34
Maschler, Kurt L.   98
Mattenklott, Gundel   70
Mechnig, Elfriede   73, 110
Mehring, Walter   48, 51, 59, 72
Mendelssohn, Peter de   113
Moritz von Sachsen   7
Moritz, Karl Philipp   26, 27
Moser, Hans   46
Mühsam, Erich   93

Neuner, Robert (alias E. Kästner)   100
Nick, Edmund   58, 72, 120

Ohser, Erich   30, 31, 33, 34, 41, 49, 108
Ophüls, Max   76, 77
Ossietzky, Carl von   48, 59, 90, 93
Otto, Hans   59, 90

Piscator, Erwin   42, 47
plauen, e. o. (alias E. Ohser)   108, 109
Polgar, Alfred   72

Preßburger, Emmerich   75, 76
Preußler, Otfried   132

Rabenalt, Arthur Maria   113
Reich-Ranicki, Marcel   62
Reimann, Hans   76
Reinhardt, Gottfried   77
Remarque, Erich Maria   93
Ringelnatz, Joachim   46, 50, 51, 120
Rosenfeld, Fritz   76
Roth, Joseph   60, 93

Schad, Christian   35
Scheidemann, Philipp   21
Schickele, René   60
Schiller, Friedrich   26
Schmidt, Eberhardt   104, 110
Schnell, Ralf   116
Schneyder, Werner   53
Schündler, Rudolf   112, 113
Schünzel, Reinhold   74
Schwarz, Egon   95
Schweikart, Hans   140
Seghers, Anna   91, 119
Siebert, Friedel   147, 148, 149, 150
Siebert, Thomas   147, 148, 150
Stemmle, Robert A.   113
Stendhal, Henri   88

Toller, Ernst   47
Trier, Walter   61, 62, 63, 64, 65, 67, 69, 99, 122, 128, 130, 150
Tucholsky, Kurt   48, 51, 58, 59, 72, 93, 120

Valentin, Karl   46

Wagener, Hans   141
Walser, Martin   142
Walter, Dirk   52
Weller, Curt   49, 50
Wiechert, Ernst   139
Wilder, Billy   75
Wilhelm II. (Kaiser)   18, 19, 21
Witkowski, Georg   28
Witt, Herbert   120
Wolf, Friedrich   46

Zimmermann, Emil Israel   10, 11
Zuckmayer, Carl   71
Zweig, Arnold   48, 85

Erich Kästner im dtv

»Erich Kästner ist ein Humorist in Versen, ein gereimter Satiriker, ein spiegelnder, figurenreicher, mit allen Dimensionen spielender Ironiker ... ein Schelm und Schalk voller Melancholien.«
Hermann Kesten

Doktor Erich Kästners Lyrische Hausapotheke
dtv 11001

Bei Durchsicht meiner Bücher
Gedichte · dtv 11002

Herz auf Taille
Gedichte · dtv 11003

Lärm im Spiegel
Gedichte · dtv 11004

Ein Mann gibt Auskunft
dtv 11005

Fabian
Die Geschichte eines Moralisten
dtv 11006

Gesang zwischen den Stühlen
Gedichte · dtv 11007

Drei Männer im Schnee
dtv 11008

Die verschwundene Miniatur
dtv 11009 und
dtv großdruck 25034

Der kleine Grenzverkehr
dtv 11010

Die kleine Freiheit
Chansons und Prosa
1949–1952
dtv 11012

Kurz und bündig
Epigramme
dtv 11013

Die 13 Monate
Gedichte · dtv 11014

Die Schule der Diktatoren
Eine Komödie
dtv 11015

Notabene 45
Ein Tagebuch
dtv 11016

**Ingo Tornow
Erich Kästner und der Film**
dtv 12611

Das Erich Kästner Lesebuch
Hrsg. von Sylvia List
dtv 12618